図説 第二次世界大戦

池田 清＝序　太平洋戦争研究会＝著

第二次世界大戦とは何だったのか
――世界大戦とヨーロッパの没落―― 池田　清……4

●序　章●ドイツ・日本の勢力拡大……8
ドイツはヴェルサイユ体制打破で生存圏拡大へ、日本は中国大陸支配を企図

●第1章●ドイツ、電撃戦を開始……16
独ソ両軍、密かに協約しポーランドと北欧諸国へ侵攻、勢力範囲を確定

●第2章●フランス、早々に降伏……28
ドイツの電撃戦第二弾！ オランダ、ベルギー、フランスが次々に軍門に下る

●第3章●イギリス、徹底抗戦へ……42
英本土空襲に必死の反撃、北アフリカ、バルカンでも英軍が孤軍奮闘

●第4章●ドイツ、ソ連へ侵攻す……58
バルバロッサ作戦開始で独ソ蜜月時代の終焉、米英はソ連を全面的支援へ

●第5章● 日本、米英に宣戦布告……68
中国支援の米英が対日経済封鎖、石油と資源を求めて真珠湾奇襲と南方攻略開始
●第6章● 連合軍、反撃に転ず……80
戦局の一大分岐点となったエル・アラメインとスターリングラードの勝利
●第7章● 連合軍、怒濤の大攻勢……92
イタリアの降伏、ドイツ本土に猛烈空襲、ノルマンディー作戦でフランス解放へ
●第8章● ドイツ、ついに降伏へ……110
バルジの戦いでドイツ大敗、ヒトラーは自殺、続々と暴かれたホロコースト
●第9章● 日本降伏、大戦終わる……120
特攻に賭け、本土決戦を覚悟したが、原爆とソ連侵攻でついにポツダム宣言受諾
●終　章● 大戦後の世界……130
戦争犯罪人を断罪、米ソ対立は冷戦へ、英仏蘭の衰退でアジア諸国の独立に拍車
あとがき・参考文献……141
第二次世界大戦　関連年表……142
著者紹介……144

第二次世界大戦とは何だったのか

――世界大戦とヨーロッパの没落――

元青山学院大学教授　池田　清

高度に組織化された民族国家間の総力戦

第二次世界大戦が最近世界史でどのような地位を占めているのか、これを評価するには、この戦争に払われた人間の努力と犠牲を計算することが必要である。

史上最初の総力戦・消耗戦であった第一次世界大戦と比較するとき、戦時の財政的支出や財産の被害、船舶の損失で、第二次世界大戦は第一次世界大戦の約五倍の損害を出している。人的損害については、戦死者だけで約二倍（一五〇〇万人）、一般市民の犠牲が増大している傾向は、戦争の総力化ないし全面化の実態を象徴している。市民の死者数は、正確にはなお不明であるが、二六〇〇万から三四〇〇万人と推定されている。

一九三九年九月一日、ドイツ軍のポーランド進撃で開始された第二次ヨーロッパ戦争は、一九四一年一二月八日の日本海軍のパールハーバー攻撃で世界大戦へと拡大し、一九四五年八月の日本の降伏で終結した。

五一カ国が参戦し、六年にわたって世界各地で戦われたこの戦争は、継続年月からいえば、フランス革命戦争やナポレオン戦争の方がむしろ長期にわたっている。

しかし、上述した損害が示しているように、高度に組織された二〇世紀の民族国家間の総力戦であり、参戦諸国はその市民のエネルギーを駆使し、全生産能力を総動員し、近代技術の総力を結集しての大消耗戦であった。

それだけに、この戦争が及ぼした国際関係・軍事・経済・社会上の大変革は、特記すべきものとして歴史に残るであろう。限られた紙数で、これらの大変革を網羅的に説明することは不可能である。

そこで、強大化するドイツを包容することに二度までも失敗したヨーロッパ社会の、世界政治におけるその破産に焦点を絞って概説することにしたい。

ヨーロッパの一体感を動揺させた第一次世界大戦

かつてのヨーロッパは幾百年にわたって、少なくとも一九一四年まで、世界政治の中心であった。世界の運命はヨーロッパ諸国の会議室またはヨーロッパ諸国の戦う戦場で決せられたのである。そして、国際関係とは主としてヨーロッパ諸国間の関係であった。彼らはヨーロッパ外の広大な地域を支配・統治してきた。

また彼らはヨーロッパでの利害が対立しても、ヨーロッパ外ではそれぞれの縄張りを相互に承認し、非ヨーロッパ人からの抵抗に対しては、共同戦線を結成してヨーロッパの利益を擁護してきた。ヨーロッパでは利害が対立していた露・独・仏が日清戦争後の日本に強要した「三国干渉」（一八九五年）は、まさにその一典型であったといえよう。

ヨーロッパの世界支配を自ら正当化した思想的根拠は、R・キップリングの詩

ナチス総統アドルフ・ヒトラー。
1930年、総選挙のあと。

ナチス大会で会場の中央を歩くヒトラー総統。整然とした荘厳さを演出し集団の威力を誇示する。

「白人の重荷」に象徴される人種的優越感、適者生存の社会進化論であった。

オズワルト・シュペングラーは第一次大戦直後に、『西欧の没落』を警告した。その没落に警鐘を鳴らしたのが第二次世界大戦であった。第一次世界大戦がヨーロッパ内乱の第一ラウンドであったとすれば、第二次世界大戦は第二ラウンドであった。

一九一四年以前のヨーロッパ社会においては、ヨーロッパ人の一体感が存在していた。しかしながら第一次世界大戦は、ヨーロッパの国家体系や社会階層関係に大きな変動を引き起こし、この一体感を根底から動揺させたのである。

戦後のヨーロッパは、政治・経済・軍事いずれの面から見ても、もはや世界の中心ではなくなった。紛争を局地化し戦争の拡大を阻止するために生まれた国際連盟は、日独伊の現状打破勢力からは、英仏などが現状を維持する手段であると疑惑されていた。また、異質な社会主義国家ソ連が登場し、ヨーロッパ社会から排除されていた。

ヒトラー・ドイツの戦争目的

第一次世界大戦後における社会・経済の変動によって諸国の伝統的な支配階級は往年の勢力を失い、「ボヘミヤ伍長上がり」のアドルフ・ヒトラーが、大衆ナショナリズムの怒濤に乗って華々しく登場した。彼は一九一九年の国境線など問題にしなかった。かつてヨーロッパの一体感を育んできた知的・文化的遺産の共有意識も大衆社会の中で大幅に失われた。

要するに戦間期のヨーロッパは、権威や合法性の根拠として公認されていたものがすべて崩れ落ち、それに代わるべきものを発見出来ない不透明な「休戦の二〇年」であったといえよう。

ところで、第一次大戦の原因や戦争責任の問題については、いまもなお歴史家の間では論争が続いている。だが、第二次世界大戦については、ヨーロッパの戦争を引き起こし世界戦争へと発展させた張本人が、A・ヒトラーとナチス・ドイツであることを否定する者はほとんどいない。

八〇〇〇万ドイツ民族の生存圏の獲得

1938年8月、日本を訪れたヒトラー・ユーゲント（青年団）。東京駅前の敬礼。

こそ、ヒトラーの戦争目的であった。この生存圏の主張が、人種問題についてのヒトラーの妄想と結合して「東方大帝国」の構想を生んだ。生存圏とは、ドイツ民族が膨張すべき領域であり、支配人種であるドイツ民族がその支配を維持していく上で必要な資材や人的資源を獲得できる空間を意味していた。進出の方向は、「劣等人種」スラブ人の住む東へ向けられ、「戦争は生活であり、戦争こそすべてである」と彼は信じていた。

「ヨーロッパの新秩序」建設と日本の連動

背後を窺う宿敵フランスの屈服、共産ソ連の崩壊、ユダヤ・スラブ民族の根絶、東方の植民地化によるヨーロッパ新秩序の建設が、ヒトラーの究極の目的であった。この「千年王国」を建設するため、ヒトラーはその他の諸国の役割を、ナチス・ドイツ中心に夢想していた。

すなわち、イギリスの好意的中立を、イタリアと日本には三国同盟の誇示による他の大国、とくにアメリカを牽制させる役割を期待したのである。自信過剰なヒトラーは、アメリカの介入の可能性と実力を過小評価し、また、その偏執病的な人種偏見の故に、スラブ民族の根強い抵抗力を最後まで軽視していた。

一九三七年に始まった日中戦争は、もともとヨーロッパ戦争とは直接関連のない局地戦争であった。この日中戦争をヨーロッパ戦争に連動させたのは、一九四〇年九月に敢行された日本軍の北部仏印（フランス領インドシナ）への進駐と、日独伊の三国同盟の締結である。

北部仏印への進駐で、英米両国は日本の南進近しと、いよいよ警戒の念を深めた。日本が三国同盟の締結に踏み切った背景には、ヨーロッパ西部戦線でドイツが圧倒的に勝利し、「ヨーロッパ新秩序」が形成されつつあるとの期待をこめた幻想と楽観があった。「バスに乗り遅れるな」が時代の標語になり、独伊と提携して、まずイギリスの屈服を図り、ヨーロッパ植民帝国のアジアからの追放という大戦略を、日本の軍部指導者は構想した。

一方、避戦のための日米交渉は意図的に引き延ばされ、ドイツ打倒を第一とするアメリカ側の時間稼ぎに利用された。一九四一年七月以降のアメリカの対日抑止政策が失敗した背景には、アメリカの硬直した教条主義の他に、英首相W・チャーチルなどアングロサクソン特有の老獪な策謀をも読み取ることができよう。

第二次世界大戦は、非ヨーロッパ国・アメリカの原爆投下と、半・ヨーロッパ国ソ連の参戦による日本の敗北で完結した。荒廃したヨーロッパは分裂し、世界政治での発言権を決定的に失った。今日のヨーロッパは経済的には統合されつつあるが、政治統合への道はなお前途遼遠である。

序章

ドイツ・日本の勢力拡大

ドイツはヴェルサイユ体制打破で生存圏拡大へ、日本は中国大陸支配を企図

1939年9月4日付新聞「ディリー・ヘラルド」。ドイツのポーランド侵攻に対抗して、イギリスとフランスがドイツに宣戦布告したことを告げている。

ON YOUR FEET FOR HOURS ? Then Don't Forget That ZAM-BUK Removes Pain, Soreness & Corns

Daily Herald

SAUSAGES GO BETTER WITH H·P SAUCE

MONDAY, SEPTEMBER 4, 1939 ONE PENNY

WAR DECLARED BY BRITAIN AND FRANCE

We Have Resolved To Finish It—PRIME MINISTER

GREAT BRITAIN DECLARED WAR ON GERMANY AT 11 O'CLOCK YESTERDAY MORNING.

Six hours later, at 5 p.m., France declared war.

Britain's resolution to defend Poland against Nazi aggression was described by the newly-formed Ministry of Information in one of its first announcements, as follows:—

Unthinkable We Should Refuse The Challenge —THE KING

POLES SMASH WAY INTO E. PRUSSIA

OFFICIALS in Warsaw stated late last night that the Polish army has smashed a way across the Northern border into East Prussia, after driving the Germans from several Polish towns in bitter fighting.

London Hears Its First Raid Warning

WAR CABINET

枢軸国と連合国

ドイツは第一次世界大戦の敗戦国だった。対して日本は、イタリアとともに戦勝国の一員だった。その平和条約であるヴェルサイユ条約は一九一九年六月に調印されたが、それから二〇年目に第二次世界大戦が始まった。

最初はドイツがポーランド・フランス・イギリス・ソ連を相手に順に戦いを起こした。イタリアはドイツによるフランス侵攻の段階から参戦した。二年三カ月後に日本が、主としてアメリカとイギリスを相手に戦端を開いた。「三国同盟」によって結ばれた日独伊の三カ国は枢軸国といわれ、他方、英仏米ソは連合国といわれた。

フランスは大戦初期にドイツに敗れ、占領されていた期間が長かった。ソ連は、最初はドイツと組んでポーランドの侵攻と占領後の分割統治に積極的にかかわった。そのため英仏は、ソ連がドイツと軍事同盟を結んで、英仏に対する戦争を始めるかもしれないと強く懸念した時期もあった。

しかし、ドイツがフランス・ベルギー・オランダを占領した約一年後に、ソ連への侵攻を始めると、立場が逆になった。イギリスが、反共主義のスローガンをひっこめ、アメリカを誘いソ連への軍事援助を開始したからである。ソ連はその時から連合国の一員となった。

ソ連は、日本と中立条約を結んでいたが、日本が米英との戦争に踏み切ったあと、アメリカの要請でドイツ降伏後の対日参戦を約束した。約束どおりにソ連は日本の植民地だった満州国（現在の中国東北地方）に侵攻するが、その一週間後に日本は連合国に降伏した。

米英の終始変わらぬ敵国はヒトラーの支配するナチス・ドイツ（第三帝国）であり、そのドイツと軍事同盟を結んで敵対する日本だった（イタリアは、途中でムッソリーニのファッショ政権を打倒し、連合国に回ってドイツに宣戦した）。そのためには、共産主義国家ソ連とでも連合することに躊躇しなかった。

日本がドイツ、イタリアと軍事同盟（日独伊三国同盟）を結んだのは、支那事変（いわゆる日中戦争）を始めて三年目、ドイツがヨーロッパ侵略を始めて一年目のことである。これに

よって、事変当初から中国に対してさまざまな形で支援をつづけてきた米英は、日本を枢軸国と位置づけることができるようになった。すなわち日独伊をいっしょに束ねてファシズム陣営と図式化した。同時に、蔣介石の支配する中国国民政府（日本軍に南京を追われて重慶に首都を置いていたので、重慶政府とも）は連合国の一員となった。

　この時点で、アメリカは膨大な軍需物資を提供しながら、実際にはどの国にも宣戦布告していなかった。ドイツもまたあえてアメリカにだけは宣戦してこなかった。三国同盟は、アメリカが三国のいずれかに宣戦したら、一緒になって戦うという攻守同盟である。

　実際にアメリカを戦争に誘い込んだのは日本だった。ハワイのパールハーバーに対する奇襲、フィリピンの米軍航空基地と海軍基地に対する爆撃、マレー半島上陸作戦などがほぼ同時に始められ、米英に宣戦布告したからだ。いまから思えば、最初の一発をなんとか日本に撃たせて、孤立主義からくる参戦忌避の世論を、参戦へと導きたいとするアメリカ政府・軍部の術中に、日本はまんまと引っかかった形になったが、それは戦争に至る国家間の、悲しくも壮大なエピソードの一つなのであって、それが日米戦争の主因ではない。

ドイツのポーランド戦局を伝える新聞売場。ベルリン市内。

ヴェルサイユ講和会議をリードした4首脳。右からウィルソン米大統領、クレマンソー仏首相、オルランド伊首相、ロイド・ジョージ英首相。実際はイタリアの発言権は弱く、要求どおりには領土を獲得できず、国内に大きな不満を鬱積させ、ムッソリーニのファシズム政権誕生の土壌をつくった。

ヒトラーの独裁とナチスの政策

アドルフ・ヒトラーが首相になったのは一九三三年一月である。総選挙でその所属するナチス（国家社会主義ドイツ労働者党）が第一党となったからだ。

ヒトラーは首相に就任すると、全権委任法を国会に提出し、成立させた。国会が全焼し、それを共産主義者の仕業として、危機意識をあおったヒトラー一流のやりかただった。最近の研究では、実際に国会議事堂に放火したのはやはり共産主義者だったとの説が有力だが、なお定説とはなっていない。

1933年、独裁者となったヒトラー。

全権委任法によって、憲法（いわゆるワイマール憲法）に違反した法律も立法できるという、文字どおりの全権をヒトラーは獲得した。ワイマール共和国の消滅と引き替えに、独裁者ヒトラーが誕生した。

ナチス以外の政党は解散させられ、社会主義者・民主主義者を中心に強制収容所送りが強行された。逮捕者二万七〇〇〇人、国外亡命二万人といわれる。同時に、ユダヤ人に対する迫害が本格化した。

ナチス青年隊員と話すヒトラー。

翌年八月、ヒンデンブルク大統領が死去すると、ヒトラーは大統領と首相を兼ねた「総統兼首相」となった。

ヒトラーの率いるナチスは、ヴェルサイユ体制の打破、反マルクス主義・反民主主義、生存圏の拡大と大ドイツの建設、ユダヤ人絶滅・劣等人種（主としてスラブ人）の追放、ドイツ人によるヨーロッパ支配、ドイツ民族共同体の建設などを掲げていた。

ドイツはヴェルサイユ条約で、海外の植民地をすべて放棄させられ、ヨーロッパの領土も面積で一三パーセント減らされ、それに伴って人口も一〇パーセント減少した。総額一三二〇億金マルクの賠償金の支払い、一〇万人を上限とする軍隊の縮小と海軍の禁止、ラインラントの非武装（ライン川左岸の全土と右岸幅五〇キロメートル）など厳しい制裁が科せられ、党派を越えてドイツ中に不満が渦巻いていた。天文学的金額の賠償金支払いで、猛烈なインフレが進行し、これに世界大不況が追い打ちをかけ、中産階級が没落した。

このうち賠償金支払いは、ヤング案などに代表的に見られるように数次にわたって減額措置がとられ、ヒトラーが首相に就いたころはすでに支払いを中止していた。戦勝国もあえて要求を出さなくなってなり、ほとんど自

ヒトラーの弁舌は最初から婦人たちをも魅了したという。誕生から政権獲得まで十数年かけたナチスは、単なる暴力だけの集団ではなかった。

然的解消の形となっていた。

ヒトラーが目指すのは内にあっては失業者の解消と再軍備、外に対しては失地回復である。失業者はヒトラーが首相になったころ約六〇〇万人いたが、一年後には二〇〇万人まで減少した。投資活動の国家統制、外貨を使わないバーター貿易（南東ヨーロッパ諸国には有効だった）、政府保証による「メフォ手形」の「見えない赤字支出」（政府指示で設立された「メフォ（金属研究所）」発行の手形を、中央銀行が割り引くという条件で、国家へ物資を納入した業者が受け取った）、さらにはアウトバーン建設、ナチス党関係施設の建設、大都市改造事業などで雇用を確保、一九三七、八年までに完全雇用を達成した。

完全雇用の達成は、欧米諸国のどこよりも早かった。しかしながら、いずれはメフォ手形の赤字支出をどこかで解消しなければならない。それが、外国侵略による解消という政策の必然性も示していたのだ。

したがって、失地回復は単にヴェルサイユ条約で失った領土の回復にとどまらず、生存圏の拡大というスローガンに基づいた、新たな植民地をヨーロッパ内に獲得するという政策と連動していた。

すでに数多くの近代国家として運営されているヨーロッパ地域に、植民地を作るとは何を意味するのか。それを達成するには、武力で他国に押し入り、そこの住民を殺すか、追放するか、奴隷のように従属させるしかない。ヒトラーは『我が闘争』で、その政策の骨格を率直に述べているが、政権獲得後はその公約の実行に着手した。

ヒトラーの挑戦と英の宥和政策

ヒトラーは一九三五年、再軍備を宣言した。公然たるヴェルサイユ条約への挑戦だったが、すでに英仏にそれをおしとどめる意欲はなかった。ドイツは一九二二年、ソ連との間で結んだラパロ条約で国交回復を図った。その際のその秘密条項に基づき、ソ連国内で飛行機、戦車、毒ガス、砲弾などヴェルサイユ条約で禁止されていた軍需品の生産を行い、その見返りにソ連に技術提供を行ってきた。また、ソ連は戦車学校にドイツ軍人を受け入れ、航空基地を提供してパイロットの養成にも手を貸していた。こうした関係は、ヒトラーが政権を獲得する直前までつづいた。

そのうえ、本来なら戦勝国に引き渡さなければならなかった武器弾薬を、さまざまな民間団体で秘匿し、軍事訓練も行っていた。それが、ナチスが政権を獲得するにいたるまでの突撃隊（反対勢力に対する暴力的制裁を担当する別働隊）の装備や、政権獲得後の再軍備に大いに役立った。

一九三五年、ベニト・ムッソリーニが指導するファシズム国家イタリアがエチオピアを侵攻した。イタリアはすでに植民地としていたソマリアとエチオピアの海岸部エリトリアから進撃したのだ。国際連盟は形ばかりの経済制裁を科したが、実際は「テニスボールの輸出をカットしたくらいの効果」しかなかった。英仏が「ナイル川の水源を保障すること」を条件に自由行動を認めたり、アメリカ資本がイタリアを助けたからである。

一九三六年三月、ヒトラーは、ヴェルサイユ条約で非武装とされていたラインラントに軍隊を入れた。英仏は格段の行動をとらなかった。平和を望んだから、戦争に発展しそうな対抗措置をとらなかったのである。同七月、スペインで内乱が起こると、ドイツとイタリアは国家主義者フランシスコ・フランコ将軍の陣営を支援し、航空部隊と戦車部隊を派遣して人民戦線派をうちのめした。人民戦線派にはソ連が中心となって義勇軍を送ったが、英仏米は、ドイツ軍の繰り出す爆撃機や戦車に目を見張るだけだった。三九年三月、内乱はフランコ側の勝利で幕を下ろした。

一九三八年三月、ドイツ軍がオーストリア

右・イタリアのムッソリーニ総統。陸軍将官を従えている。その政権獲得は1922年で、ヒトラーはミュンヘン地方に限定されていたナチス党の独裁者となったばかりで、『我が闘争』もまだ書かれていない。
上・エチオピアに侵攻するイタリア陸軍部隊。イタリアは19世紀末にも侵攻を企てたが、このときはフランスがエチオピアを支援して、失敗した。

1938年9月、ニュルンベルクで開かれたナチス党大会で、チェコスロバキア問題を演説しているヒトラー。

オーストリア併合でウィーンをパレードするヒトラー。ヒトラーは1908年（19歳）から13年（24歳）までウィーンで生活していた。

右・スペインのフランコ将軍。ドイツとイタリアの軍事支援で人民戦線派をねじ伏せ、スペインに独裁政権を樹立。第２次大戦ではヒトラーの強い要請に過大な見返りを要求して、参戦しなかった。
中・ネービル・チェンバレン英首相。ヒトラーのラインラント進駐以後ズデーテン割譲とそれにつづくチェコスロバキア解体まで、ひたすらヒトラーの言いなりになっていたが、ポーランド侵攻で初めてヒトラーのナチス・ドイツと全面的に対決する姿勢を示した。
上・チェコスロバキア首相ベネシュ。小国の生き残る条件としてヴェルサイユ条約で発足した国際連盟に大きな期待を寄せたが、英仏など大国の支持がなく、結局ヒトラーによって国家を解体された。

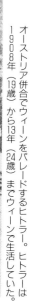

を侵攻して、ドイツに併合した。もともとオーストリアは、第一次世界大戦の敗戦国オーストリア・ハンガリー帝国がヴェルサイユ条約により解体され、チェコスロバキア、ハンガリー、ユーゴスラヴィアと同時に成立した国家であり、大部分がドイツ人だった。当初オーストリアはドイツとの併合を望み、国会で議決までしたが、英仏はそれを厳禁した（サンジェルマン講和条約）。

ナチスはオーストリアでも勢力を大きく伸ばしていたが、すでに独自の道を歩もうとしていたルドルフ首相を暗殺し、ヒトラーはさらに後任のシュシュニク首相に属国化を強要した。これに反発して、独立を確認する国民投票の実施を決定すると、ヒトラーは即座に軍隊を進駐させたのである。大ドイツ国家建設の第一歩だった。進駐後の国民投票では併合支持が九九パーセントを超えたという。英仏は格段の対抗措置をとらなかった。

一九三八年九月、チェコスロバキアのドイツと国境を接するズデーテン地方の併合を要求した。同地方は三〇〇万人ほとんどがドイツ人で、ドイツへの併合を希望してはいた。ここにきて英仏ははじめて表だった外交に乗りだし、英仏独伊の四首脳によるミュンヘン会談が開かれた。リード役のチェンバレン英首相はヒトラーの「ドイツが要求するものはこれが最後だ」という誓約を頼りに、チェコスロバキア政府に対してズデーテンの割譲を求め、同政府もやむなく応じることとなった。

イギリスの宥和政策の頂点をなすミュンヘン会談は、一見、戦争を回避するための現実的な平和外交と映ったが、それも一九三九年三月のドイツ軍によるチェコスロバキア侵攻によって完全に打ち破られた。残部チェコスロバキアは、チェコ地方のドイツ保護領と独立国スロバキア（ヒトラーの指示による。のちドイツの保護国）に解体された。チェコスロバキアは東ヨーロッパ最大の工業国・資源国であったが、ヒトラーはこれを軍隊による恫喝だけで手に入れた。ドイツ民族とは関係のないヨーロッパ地域侵攻の始まりである。

ドイツのポーランドへの要求

ヒトラーの次の目標がポーランドであることがはっきりしてきた。英仏はドイツのチェコスロバキア解体直後に、ポーランドの独立を保証するとの声明を発した。

ポーランドはヴェルサイユ条約によってほとんど一〇〇年ぶりに独立を回復したのだが、領土内に多くのドイツ人を抱え込んでいた。一つはポーランド回廊と呼ばれる地域で、これはかつてのドイツ領西プロイセンの大部分

1939年8月23日、独ソ不可侵条約の調印。署名するドイツ外相リッベントロップと、後ろはソ連の独裁者スターリン首相。秘密協定でポーランドの独ソ分割統治を決めるなど、外交的権謀術策を地でいく取り決めだった。

そのとき日本は……

ヴェルサイユ条約では戦勝国の一員として、広大なドイツ領「内南洋」を委任統治領とした。また、チンタオ（青島）を中心とする中国山東省の利権を承認された。これが結局は、中国の民族的覚醒をよびさまし、抗日戦線結集の大きなきっかけとなった。

しかし、日本にとって大きな衝撃だったのは、その後のワシントン会議における海軍軍縮と、山東省利権の事実上の返還、日英同盟の廃棄、９カ国条約の締結だった。とりわけ、９カ国条約により、中国の独立を尊重することや各国の中国に対する門戸開放・機会均等を定め、日本の抜け駆け的な中国進出に歯止めをかけられたことであった。

ワシントン会議以降、欧米流の自由主義思想を排斥する動きと中国への軍事的進出の動きが密接にからまりながら、天皇中心主義の全体主義的傾向が強まっていく。そして、ちょうどヒトラーが叫んだヴェルサイユ体制打破と生活圏の拡大が何の疑いもなくドイツ人に受け入れられていったように、ワシントン体制打破と日本の生命線を大陸に拡張すべしとする考え方がほとんど抵抗なく受け入れられていった。ここに、ヒトラーのドイツと提携する国民的土壌があった。

最初の試みが満州事変から満州国の建設であり（1931〜32年）、次いで蘆溝橋事件（1937年７月７日）に端を発する支那事変であった。日本は支那事変の最中に、米英との軍事衝突を避けられないほどに自らを追い込んでいった。

蔣介石の国民政府首都・南京の占領（1937年12月）。

である。ポーランドにバルト海へ通じる通路を与えるという、戦勝国の言うなれば気まぐれのような国境策定による。これによって、ドイツ領東プロイセンは飛び地となった。

中世以来、プロイセンとポーランドの間を帰属が行き来したダンツィヒ（ポーランド名グダニスク、東プロイセンの西端にくっつくよう位置している）が国際連盟管理下に置かれ、事実上ポーランド領の実態を呈していた。

すでにヒトラーは一九三八年一〇月、ダンツィヒ返還や東プロイセンに通じる鉄道と道路を治外法権にせよとの要求を出していた。ポーランドはもちろん応じない。対抗して一九三九年四月、ヒトラーはポーランドとの相互不可侵条約（一九三四年締結）を破棄した。

同年八月二三日、ヒトラーはソ連と不可侵条約を締結、公表した。日本では、ソ連を対象とした日独伊三国（軍事）同盟締結の国内調整が最大の山場にさしかかっていたころで、このドイツの「複雑怪奇」な行動に仰天した平沼内閣は総辞職した。英仏はきたるべきものが来たと、翌二四日、対ポーランド援助条約を締結した。もしドイツがポーランドへ侵攻すれば英仏は軍事援助を与えるというものである。それがドイツに対する宣戦布告まで意味するのか、ヒトラーは判断しかねていた。

こうして、ポーランドをめぐって戦争が勃発する舞台が整えられていった。

第1章

ドイツ、電撃戦を開始

独ソ両軍、密かに協約しポーランドと北欧諸国へ侵攻、勢力範囲を確定

朝日新聞
歐洲大動亂の火蓋切らる
英佛、對獨宣戰を布告
波蘭援助の誓約を遂行
ヒ總統、戰線へ出馬す
佛で待機中の英軍即刻出動
帝國は靜觀方針に決す
けふ閣議で更に對策
戰時對策委員會を企畫院内に設置

1939年９月４日の『朝日新聞』。

ポーランド侵攻に英仏宣戦へ

一九三九年九月一日、ナチス・ドイツ軍の大軍がポーランド共和国へ侵攻を始めた。

前夜、国際連盟管理下の自由都市ダンツィヒ（ポーランド名はグダニスク）に入港した重巡洋艦シュレスウィッヒ・ホルシュタイン号が、午前四時四五分、ポーランドの飛び地領土ヴェステルプラッテに砲撃を始め、南北に広く展開していた機甲部隊（戦車や装甲車部隊）が一斉に国境を越えて進撃した。

宣戦布告なしの奇襲だった。

ドイツ軍は北方軍集団と南方軍集団の二手に分かれ、その兵力は戦車約三〇〇〇両、兵員一五〇万という膨大なものである。加えて、メッサーシュミット戦闘機やシュツッカー（ユンカース87型急降下爆撃機）など約二〇〇〇機が投入された。

数百機ものシュツッカーやメッサーシュミットが、ドイツとの国境付近に偏って分散布陣していたポーランド軍を急襲し、航空基地や通信基地を爆撃してその出鼻をくじいた。

そのあとを、戦車部隊とトラックやオートバイに乗った歩兵部隊が突進した。

ポーランド軍にも航空機が約九〇〇機、戦車・装甲車も六〇〇両あったが、飛行機は旧式であったし、戦車もドイツ軍のものとは比

ドイツ機甲部隊の進撃。戦車、装甲車、自動車による突進は電撃戦と称された。

ダンツィヒ市の大部分を占めるドイツ人は心からナチス・ドイツ軍を歓迎した。

ポーランドの村に入ったドイツ機械化部隊。

ポーランド騎兵部隊。自他ともに認める精強部隊だったが、ドイツの機甲部隊には通じなかった。

ダンツィヒ市をパレードするヒトラー。

ポーランドの前線に現れたヒトラー。

首都ワルシャワを包囲したドイツ軍。ワルシャワは徹底的に破壊された。

較にならないほど小型で、火力も弱く装甲も薄かった。ポーランド軍の主力は歩兵部隊と騎兵部隊だった。だから戦車と飛行機と自動車化歩兵部隊の前に、ほとんど無力であったことは言うまでもない。侵攻一日目にポーランド軍はその通信施設を破壊され、組織的な戦いがほとんどできなくなった。

何カ月も前からドイツの侵攻が予想されるなかで、ポーランド軍はドイツ軍を押し戻し、ベルリンまで反撃できるなどと自信に満ちていた。ドイツ軍兵士も恐れていたその騎兵部隊こそポーランドの誇りだったのだ。

しかし、ドイツ軍は戦車中心のまったく新しい戦術でポーランドを攻撃した。ハインツ・グデーリアン将軍の作戦だった。

そんな攻撃法は、フランスのド・ゴール大佐(当時。戦後のフランス大統領)などごく少数を除いて、世界中のどんな軍事専門家も予想していなかった。ドイツ軍内部でもグデーリアンとヒトラー総統以外は信じていなかったし、グデーリアンの部下の多くも、そんな作戦には慣れていなかった。

飛行機と戦車と自動車化された歩兵部隊のすばやい進撃は、あたかも稲妻が大木を瞬時の一撃で打ち倒すようなもので、電撃戦(ブリッツ・クリーク)と称された。

ポーランド侵攻の二日後にイギリスとフランスがドイツに宣戦布告し、オーストラリアとニュージーランドがこれにつづいた。その三日後、アメリカは中立を宣言した。枢軸国であるイタリアは当然参戦するものと考えられたが、非交戦国を宣言した。フランスはともかくイギリスも宣戦したことに、なぜかヒトラーは大きな衝撃を受けた。

ドイツはポーランドを侵攻する一週間前、ソ連との間に不可侵条約を結んだ。そして翌日にも作戦を開始するはずだった。英仏が翌日ポーランドと軍事協定を結び、ドイツから攻撃を受けた場合の参戦を約束した。ヒトラーはこれを聞いて侵攻作戦を延期した。ヒトラーはイギリスの動きを気にしていた。イギリスがドイツに対する一連の宥和政策から決別したことをヒトラーは理解していなかった。

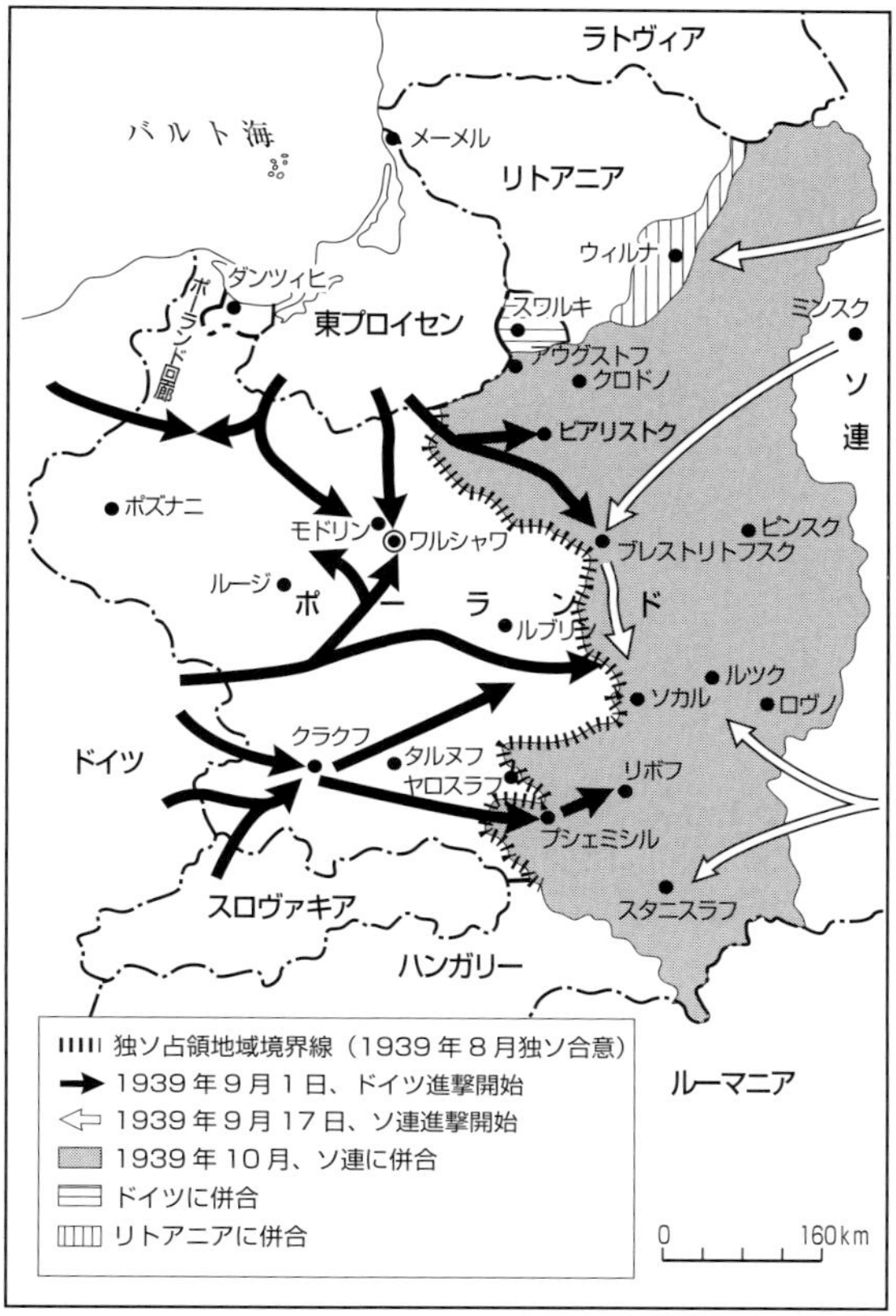

ドイツとソ連のポーランド侵攻　1939年

独ソのポーランド分割統治

九月一七日、今度はソ連が東側からポーランド侵攻を開始した。独ソは不可侵条約と同時に結んだ秘密協定で、ドイツ侵攻のあかつきにはポーランドをソ連と分割統治することを定めていた。そうすることによってヒトラーはソ連攻撃の意図がないとスターリンをだまし、スターリンはポーランドの半分がドイツからの緩衝地帯として残るのであればそれで良しとしたのである。

が、ドイツ軍のあまりにも速い進撃に、うかうかしていると分け前がもらえなくなるという焦りからソ連はポーランドに兵を入れた。「ポーランド政府の消息を聞かなくなった。ポーランド共和国はすでに消滅した」というのが、ソ連のポーランド侵攻時の声明だった。

手榴弾を投げるドイツ兵。

モシチツキ大統領とスワヴォイ＝スクワトコフスキ首相以下の政府は、ドイツ侵攻一週間目には首都ワルシャワを離れたが、ソ連軍の侵攻が始まるとルーマニアに逃れた。軍最高司令官リツ・シミグウィ元帥も同時にルーマニアに逃れ、政府も最高指揮官もいない状態で、絶望的で散発的な抵抗がつづいた。

ワルシャワを包囲したドイツ軍指揮官はこのまま降伏を待ちたいとヒトラーに進言した。それに対してヒトラーは、ワルシャワは一大要塞であるとして爆撃機と大砲による破壊を命じた。四日間の攻撃のあと九月二七日、ロンメルという指揮官を戴くポーランド軍は降伏した。

ポーランド軍の損害はドイツ側捕虜六九万四〇〇〇人、ソ連側捕虜二一万七〇〇〇人とされる。戦死、負傷、行方不明は約一四万人と言われるが正確なところはわからない。一方、ドイツ軍は戦死一万五〇七二人、行方不明三四〇九人、負傷三万二〇二二人という。わずか四週間の戦闘で、圧倒的勝利といわれる割には戦死・行方不明者が多いのが特徴だ。

独ソは当初の秘密協定を改訂して、独ソ国境をワルシャワよりかなり東側のブーク川まで引き直し、その代償としてソ連はドイツが放棄したリトアニアを領有した。

ソ連はポーランドの五二%を統治したが、人口はドイツ領のほうに六二%(二二二〇万人)が集中していた。両国はポーランドの独立運動を弾圧する協定を結び、ポーランド国家の再生を封じ込めようとした。

ポーランド人とユダヤ人の絶滅政策

ヒトラーのポーランド侵攻の目的は、国家の消滅どころか、ポーランド人とユダヤ人、すなわち全ポーランド国民の抹殺だった。すでにドイツ軍進撃の直後から治安警察と保安警察で編成された特別出動部隊やドイツ人自

独ソ不可侵条約の調印を終えて握手するスターリン・ソ連首相(左)とリッベントロップ・ドイツ外相。このときポーランド分割統治の秘密協定が結ばれた。

ポーランドの前線で独ソ境界線を定める独ソ両軍の首脳たち。

下・捕虜となったポーランド兵。過酷な運命が待っていた。

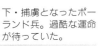

警団が進み、ドイツへの「敵対者」を手当たり次第に虐殺した。

ドイツはワルシャワをふくむ南部一帯を総督府直轄地とし、ほかはドイツ領に編入した。編入地ではポーランド人を徴発・追放・抹殺し、ドイツ人を入植させてゲルマン化を図った。追放者は二四八万人にのぼり、二四六万人が徴発され強制労働につかされた。

占領直後の一一月、クラクフ（この近くにオシヴェンチム、すなわちドイツ名のアウシュビッツがある）のヤゲウォ大学では全教官が逮捕され、強制収容所に送られた。

以後も全ポーランドで知識階級や技術者への迫害がつづき、医師の四五％、弁護士の五七％、大学教授の五〇％、教師の一五％、高級技師の五〇％、初級・中級技師の三〇％が抹殺された。中学校以上と図書館は閉鎖され、編入地ではポーランド語の使用が禁じられた。

徴発・追放・抹殺を免れたポーランド人は食糧配給を制限された。配給はワルシャワ市で一日一人当たり六六九カロリーであり、ドイツ人の四分の一だった。違反者には街頭処刑をふくむ残酷な懲罰で臨んだ。

「敵対ポーランド人」の処刑。

アウシュビッツの強制収容所。ドイツとの国境に近く、ポーランドの地名ではオシフィエンチムという。

ハンス・フランクが総督となった総督府でもあらゆる文化芸術施設が閉鎖され、ラジオを持っているだけで処刑された。ポーランド生まれのショパンの音楽は演奏はもちろん聴くことも禁止された。スポーツもすべて禁じられ、義務として農民が納める穀物に対しては代価として強いアルコールが手渡された。総督府はポーランド人に避妊と堕胎を奨励していたが、アルコール中毒の奨励もその政策の一環だった。ポーランド人は一日も早く全員絶滅せよという政策だった。ダンツィヒなど各地の精神病院患者約一万人は親衛隊が早々と殺害した。

ポーランド内のユダヤ人に対してはもっと過酷な政策が実施された。占領直後の一〇月から早くも強制労働が強行されたが、街頭ではポグロム（大衆的なユダヤ人虐殺運動）の犠牲者が増大した。

翌一九四〇年一月からはゲットーに押し込められ、外出の自由どころか、餓死政策が実施された。一日一人当たりの配給は一八四カロリー！　これはおにぎり一個分にしかならない。死亡率が一六倍に跳ね上がった。

アウシュビッツなど強制収容所におけるユダヤ人の大量虐殺は一九四二年以後のことだが、三〇〇万ポーランド市民ユダヤ人（うち最終的には二七〇万人が虐殺された）はそれ以前から生存の条件を剥奪されていた。

右・中立法修正法に署名するルーズヴェルト大統領。これによって参戦こそしていないが、アメリカは連合軍を支援することを鮮明にした。

下・ドイツの機雷基地ジェイスト・ボルグの爆撃に向かうイギリス空軍。1939年12月12日。

右下・フィンランドのカレリヤ地方に侵入したソ連軍。

アメリカの中立と「いかさま」戦争

英仏はドイツに宣戦布告したが、ソ連に対しては宣戦しなかった。英仏がソ連から直接攻撃される危険は小さかったからである。将来、ドイツとソ連が軍事同盟を結び一丸となって英仏を攻撃しても、アメリカを誘い込んで勝ち抜くつもりだった。

イギリスはポーランド支援のため九月四日には大陸派遣軍の先遣隊をフランスに上陸させた。以後、九月末までに一六万人、車両二万四〇〇〇台、補給物資一四万トンを揚陸し

フィンランド軍スキー部隊のラッパ手。

フィンランド軍の最高指揮官カール・グストフ・マンネルハイム元帥。フィンランドがまだ帝政ロシア領だったころ日露戦争が起こり、若きマンネルハイムは騎兵将校として日本軍と戦った。

フィンランド軍の偵察部隊。

た。しかし、そのときすでにポーランドは敗北していた。

英仏軍はドイツへ進攻しなかった。フランスの対ドイツ戦略は、攻めてきたら国境線で食い止めるというものだった。そのために独仏国境沿い三〇〇キロにわたって構築された要塞マジノ線があった。フランス陸軍の主力はすべてここに配置されていた。ここが簡単に突破されるとは誰も考えなかった。

ドイツもフランスをすぐには攻撃しなかった。ドイツとしては東部戦線のポーランド戦が完全に終息するまで二正面作戦を避けたかった。と同時に、ヒトラーはイギリスとは和平したうえでフランスを攻撃したかった。

しかし、イギリスが和平提案を拒否(一〇月一二日)すると、フランス攻略を決意した。攻撃開始日は一一月五日とされたが、たびたび延期された。最後は翌四〇年一月一七日と決定されたが、これも延期された。天候不良、機甲部隊の準備不足など理由はさまざまだったが、最後の延期理由は作戦書類を携帯した将校が乗った飛行機がベルギーに不時着して逮捕され、作戦の全容が漏れたからだった。

こうしてドイツと英仏の地上軍が国境を挟んでにらみ合ったままの状態がつづいた。その状況をアメリカのボラー上院議員は、中立国の気安さから「いんちき戦争」と呼んだ。しかし実際には、ドイツ海軍によるイギリス沿岸への機雷封鎖や商船に対するUボート(ドイツ潜水艦)による攻撃が執拗にくりかえされ、イギリスもそのドイツ根拠地を空爆するなど、血みどろの戦いがつづいていた。

アメリカは中立を宣言したものの、中立法を改正した(三九年一一月三日)。交戦国であっても「現金自国船」(現金払いで自国船で運ぶ)の条件で、武器弾薬の輸出を認めたのである。英仏はアメリカから武器を自由に調達することができるようになった。

わずか30両ほどしかなかったというフィンランド軍の戦車部隊。

分断、攻撃されて捕虜となったソ連軍戦車。南北に伸びる国境の至るところから侵入したソ連軍は、森を利用したフィンランド軍のゲリラ戦法にずたずたにされた。

ノルウェーの首都オスロを制圧したドイツ軍戦車部隊。

ナルヴィークの海戦。イギリス海軍はドイツ海軍を破って、一度はこの地に上陸した。

ノルウェーのフィヨルドを見下ろす山頂に掲げるドイツ兵。

ドイツの鉄鉱石輸送ルートとドイツ軍のノルウェー侵攻　1940年

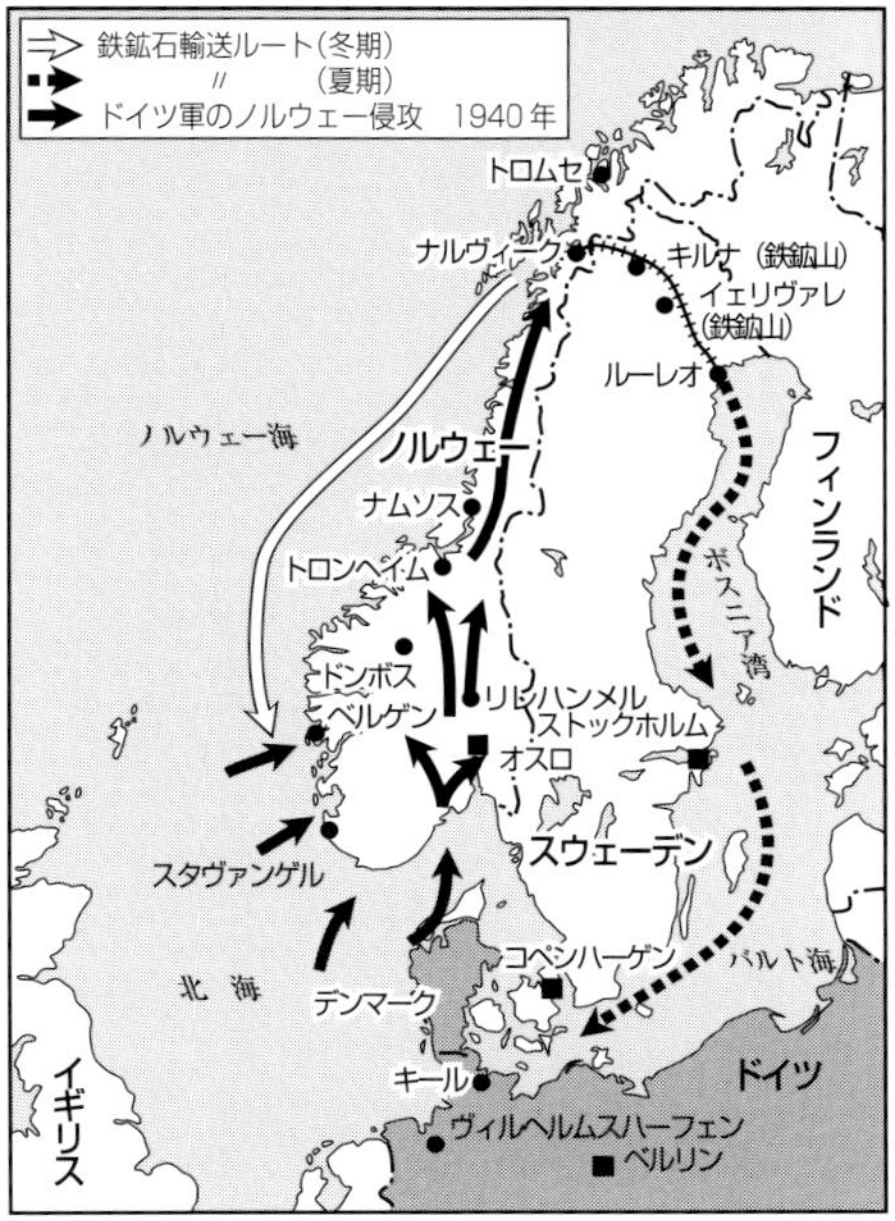

ソ連軍のフィンランド侵攻　1939年

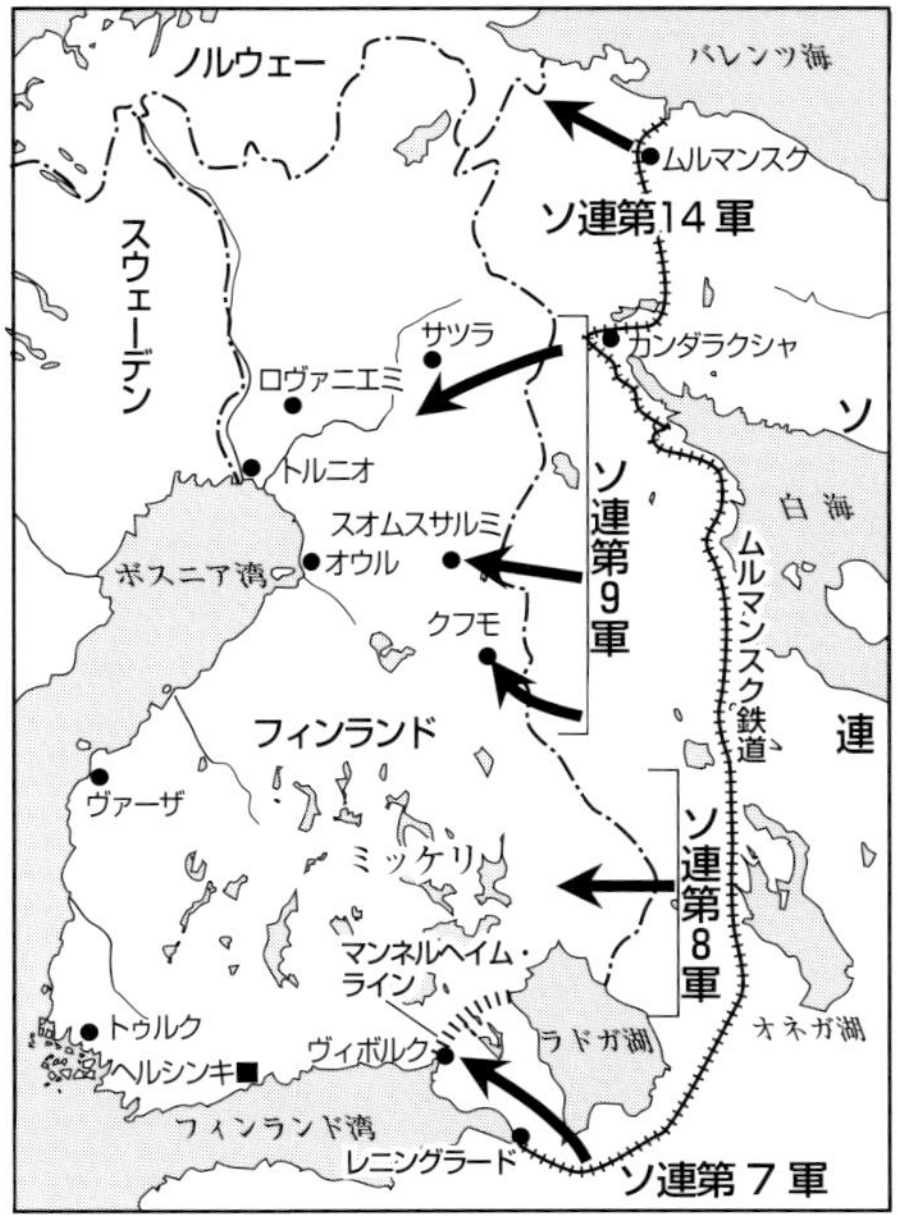

北海に出撃するイギリス海軍戦艦「ネルソン」（3万8000トン）。

投降するノルウェー兵。

フィンランドとノルウェーへの侵攻

ドイツと英仏がにらみ合ったままの状態をつづけているうちに、ソ連とドイツはそれぞれの思惑にしたがって他国を攻撃した。

一九三九年一一月三〇日、ソ連がフィンランドへ、四〇年四月九日、ドイツがデンマークとノルウェーへそれぞれ侵攻したのである。

ソ連は独伊の枢軸側に立っていたわけではないが、例の独ソ不可侵条約はその秘密協定で、ポーランドの分割統治ばかりではなく、スカンジナビア、ウクライナ地方における独ソの勢力範囲を定めていた。それによるとフィンランドはソ連の自由にまかされ、ノルウェーはドイツの自由にまかされていた。スウェーデンは独ソの緩衝地帯として中立尊重の立場である。

フィンランドは第一次世界大戦までロシア領（それ以前はスウェーデン領）だったが、大戦後、はじめて独立した。国境から三二キロのところにレニングラードがあるものの、大国ソ連としてはフィンランドから侵攻される懸念はまったくない。

フィンランドこそ、かつての「宗主国」ロシヤ（ソ連）からの侵攻を恐れて、レニングラードの北方カレリヤ地峡に防御陣地を構築していた。構築を指導した軍人の名をとって、マンネルハイム・ラインと称された。

ソ連はカレリヤ地峡から北極圏までの国境線一二〇〇キロにわたって、六〇万の兵力と一五〇〇両の戦車、八〇〇機の飛行機を展開させて一斉に侵攻した。フィンランド全土を占領し、領有するつもりだったようだ。対するフィンランド軍は兵力三〇万足らずで、戦車も飛行機もそれぞれたったの三〇（両、機）程度であった。

ところがどの戦線でもフィンランド軍はゲリラ戦法による驚異的な抵抗をつづけ、山岳地帯と寒さという自然の利を生かして、ソ連軍を翻弄した。それはまた、ソ連軍作戦の信じられないほどの拙さと弱さでもあった。全世界の同情がフィンランドに集中した。国際連盟はソ連を非難し、除名した。しかし、ソ連の攻撃をやめさせることは出来なかったし、フィンランドを援助する国も現れなかった。

抗戦四カ月余、フィンランドはわずかな戦力を残して、ソ連の提案した和平条件をのみ、四〇年三月、この「冬戦争」に終止符を打った。マンネルハイム・ラインの北方に新国境線が引かれ、フィンランド湾に面するヴィープリ（ヴィボルグ）もソ連領となった。

「冬戦争」が終わって間もなく、四〇年四月八日、今度はドイツがノルウェーを侵攻した。ドイツの狙いは、スウェーデン最北端（キルナ、イエリヴァレ）で産出する鉄鉱石を確保するためである。

夏はスウェーデンのルーレオからボスニア湾、バルト海を経て海路ドイツへ輸送できる。しかし、冬はボスニア湾が凍結するので、ノルウェーのナルヴィーク港からノルウェー海、北海を南下し、スカゲラク、カテガット両海峡を経て輸送される。ドイツの心配はノルウェーが英仏側についた場合や、あるいはノルウェー海と北海がイギリス艦隊に制圧された場合、鉄鉱石の輸入が途絶えることだった。需要の約半分をスウェーデン産鉄鉱石に頼っているドイツとしては影響が大きい。

スカゲラク、カテガット両海峡を確保するために海峡に面しているデンマークも侵攻の対象となった。

デンマークは、ドイツ空軍の大編隊がコペンハーゲン上空を威嚇飛行するなか、やむなく「友好的占領」を受け入れた。

ノルウェーにはドイツ空挺部隊や山岳部隊がオスロ、ベルゲン、トロンヘイム、ナルヴィークなどに上陸した。各上陸地点に向かうドイツ海軍はイギリス国旗を掲げて偽装した。ノルウェーには戦争の備えがまったくなく、沿岸警備隊が抵抗した。国王と政府はオスロを脱出し森林地帯に隠れた。英仏は艦隊をナルヴィークに派遣し、一度はドイツ海軍を破って上陸したが、やがて五月一〇日、ドイツ軍がオランダとベルギーに侵攻し、フランス侵攻の作戦を始めたので撤退した。ノルウェーは傀儡政権のもとドイツ占領下に置かれた。

そのとき日本は……

ドイツのポーランド侵攻時、日中戦争（支那事変）は2年が経過し、泥沼化の様相を呈していた。陸軍が提起した日独伊三国同盟は海軍の強硬な反対にあっているうちに、突如として独ソ不可侵条約が締結された。満州国とモンゴル共和国との国境線をめぐって、ノモンハン付近で日ソ両軍が衝突、関東軍は大打撃を受け、９月15日（1939年）停戦が成立した。ソ連を対象としていた三国同盟案は流産し、平沼内閣は「欧州情勢は奇々怪々」との言葉を残して総辞職した。中国侵略に対するアメリカの対日経済制裁は強硬で、1940年１月、早くも日米通商航海条約が破棄された。

1939年9月17日の『朝日新聞』。ノモンハン事件の停戦を伝えている。ソ連軍はこの日、ポーランドに侵攻した。

第2章

フランス、早々に降伏

ドイツの電撃戦第二弾！　オランダ、ベルギー、フランスが次々に軍門に下る

アルデンヌの森と電撃戦

一九四〇年五月一〇日、ドイツ軍は「黄色作戦」、すなわちオランダ、ベルギー、フランスへの侵攻を開始した。西方電撃戦と呼ばれる。

ヒトラーはドイツ人植民地としてポーランドをまず確保し、同時にフランスを中心とする西ヨーロッパを支配しようとしていた。東方植民地としては、次章で述べるようにヨーロッパ・ロシア（ウラル山脈以西）の征服も『わが闘争』執筆以来の目的だったが、この西方電撃戦当時はまだ独ソ不可侵条約が生きており、東部の安全は保たれていた。

イギリスではドイツ軍のフランス侵攻が開始されたその日、チェンバレン内閣が総辞職し、チャーチル海軍大臣が首相となり、労働党を加えた挙国連立内閣を組織した。六六歳のチャーチル新首相は下院の信任投票の際、「私は血と労役と涙と汗のほか提供するものはない」と述べ、「いかなる犠牲を払っても勝利しよう」と訴え、満場一致で信任された。

ドイツ軍はマジノ線（仏独国境沿い三〇〇キロ以上にわたる大要塞）の正面突破をさけて、まずオランダとベルギーに侵攻し、そこから向きを変えてフランスへなだれ込もうとした。英仏軍もそれを予想して、マジノ線が切れるベルギー国境あたりから、ベルギー内を通っているムーズ川とディール川沿いにほぼ南北に展開して、迎え撃とうと待ちかまえていた。ベルギー軍やオランダ軍もふくめて一三四個師団という。一個師団は一万五〇〇〇名から二万名だから、二〇〇万をゆうに超える大軍である。戦車も二五〇〇両以上配置され、後方基地には三〇〇〇機近い飛行機がいつでも出撃できるようになっていた。

英仏軍の予想では、ドイツ軍はベルギーのより北方から攻めてくるはずだった。南方のベルギーとルクセンブルクの国境沿いには、最大標高七〇〇メートルほどのアルデンヌの森があった。道は狭いうえに曲がりくねり、ごつごつした峡谷には灌木が生い茂り、とこ

佛國遂に獨逸に降伏
ペタン新首相聲明す
全軍戰鬪行爲を停止
獨に條件提示方要望
武人と武人の交渉
全國民よ余の周圍に集れ
英は抗戰を言明
興亡の斷崖に立つ
新黨運動の展望
成行きを靜觀
獨伊

フランスの降伏を伝える1940年（昭和15）6月18日付『東京朝日新聞』。

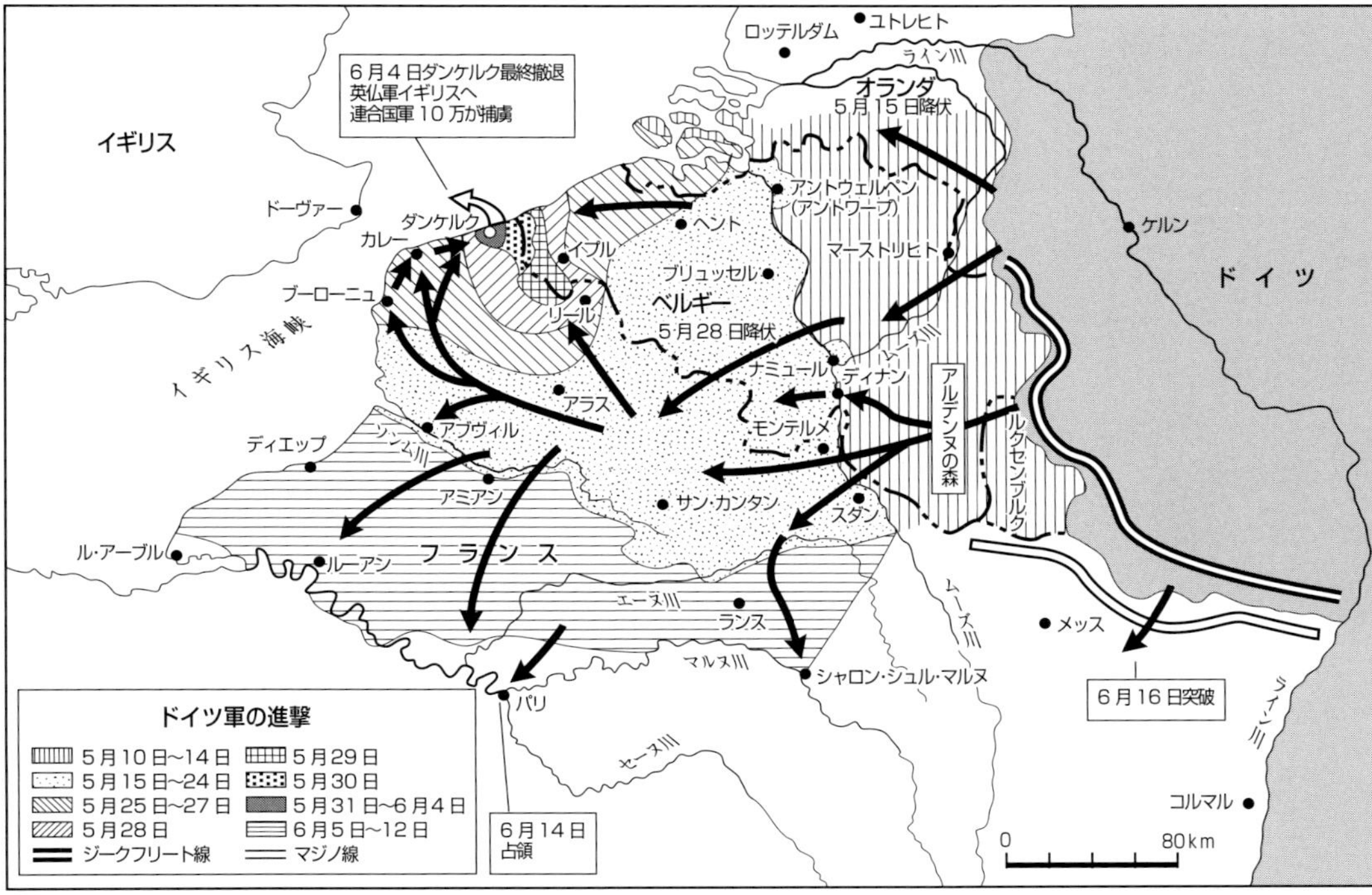

ドイツの西方電撃戦　1940年5月〜6月

1940年5月10日、ドイツ軍はマジノ線の北端を迂回しアルデンヌの森を突破してベルギーに侵攻、わずか6日間でイギリス海峡に達した。英仏の連合軍はダンケルクに追いつめられイギリスへ撤退、フランスは6月22日に降伏文書に署名した。

ドイツ軍の新戦術は飛行機と戦車を組み合わせ、猛烈なスピードで敵陣に突進することだった。シュツッカーはサイレンを鳴らしながら急降下して爆弾を投下した。右下は前線の先頭を突っ走る戦車部隊。下・戦車部隊のあとを歩兵部隊が敵陣に突撃した。

ろどころに沼地がある。いかなドイツ軍の誇る戦車部隊もその森を突進することはできない。それが英仏軍の一致した結論だった。

アルデンヌの森が切れるフランス領内にスダンという要塞がある。歩兵や騎兵が森を抜けて侵入する場合に備えたもので、したがってフランス軍は最も装備の劣った歩兵部隊や騎兵部隊を配置したにすぎない。

ところが、ドイツ軍は持てる戦車の七割以上二〇〇〇両近くをアルデンヌの森に投入し、岐阜県ほどの広さの森を二、三日で突っ切った。まったく意表をつく作戦だった。一二日には早くもスダンや連合軍が布陣しているムーズ川沿いのディナン、モンテルメという要衝に到達した。

大きなサイレンを鳴らしながら、急降下して爆弾を投下するシュツッカーにフランス軍は算を乱し、そこへ突進する戦車部隊に蹂躙された。そんな戦場は、フランス兵もイギリス兵もこれまで経験がなかったし、予想もしていなかったのだ。

フランスにもイギリスにも戦車や装甲車だけで編成した機甲師団はなかったし、形だけはあっても原則として歩兵部隊の動きに合わせて、その攻撃を援助するという役割しか与えられていなかった。戦車の利用法がまるで違っていた。

ドイツ軍の曲射砲。急角度の放物線を描いて比較的近い敵陣地に砲弾を落とす。

大慌てで退却するフランス軍。戦車が群をなして突進してくる敵は初めてだった。

破壊されたフランスの重戦車。個々の性能をみるとドイツ軍戦車に著しく劣っていたわけではない。

右上・空襲を受けるオランダのロッテルダム。開戦5日にして降伏した。
上・ムーズ川を渡ってベルギー国境に迫った。
右・国境近くのベルギー要塞エベン・エマエルは空挺部隊により30時間で制圧された。

総崩れとなった連合軍

こうして、スダンは五月一四日に、ディナンもモンテルメも一五日総崩れとなった。ドイツの機甲部隊はベルギー・フランス国境沿いに息つく間もなく突進を続け、二〇日には早々と海岸に達した。ムーズ、ディール両川に沿ってほぼ南北に展開している連合軍は分断された。

北方戦線(三〇万以上のイギリス派遣軍の大部分がふくまれている)でも似たような戦況が起こっていた。

最も北方のオランダには一〇日、空挺部隊がハーグ、ロッテルダム近郊に(ドイツ国境から一五〇キロ前後)に降り立ち、市街地はドイツ空軍の無差別爆撃にさらされた。ドイツ軍は主要都市を爆撃で次々に破壊して、オランダの降伏を早めさせる戦略だった。

ロッテルダムの次にユトレヒトへの無差別爆撃が通告されると、オランダは降伏した。開戦わずか五日目だった。いったん捕虜となったオランダ軍兵士は、ヒトラーの命令で解放された。オランダ女王一家と政府は開戦四日目にロンドンに亡命した。

ベルギーにはドイツとの国境近くにエベン・エマエルという大要塞があり、一二〇〇名の兵力で守っていたが、ドイツ軍はその営内にグライダーで侵入し、あっと言う間に全員を捕虜とした。

五〇〇両以上の戦車と六〇万以上の歩兵部隊がベルギーを南下して英仏連合軍めがけて進撃した。ベルギー軍は先を争うように後退しムーズ川に圧迫された。英仏軍がそれを待ちかまえて乱戦となったが、そうこうするうちに先に述べたようにアルデンヌの森を突っ切った主力の機甲部隊が、その後方を西に進み、南方の連合軍と分断してしまったのである。北方戦線に取り残された約一〇〇万の連合軍は南と北から包囲された。連合軍はムーズ川のより西方にあるエスコー川に追いつめられた。これでは勝てない。五月二八日、ベルギーが降伏した。

英仏軍の撤退、ダンケルクの奇跡

エスコー川を渡るともうその西は海岸である。ドイツ軍はここを先途とばかり戦車を先頭に攻めたてた。このままふつうに推移すれば、英仏軍は海岸に追いつめられ、波打ち際におびただしい屍をさらすことになる。

ところがここで連合軍にとっては思いがけない幸運が訪れた。五月二四日、ヒトラーはドイツ機甲部隊の進撃をストップさせたのである。戦車部隊の進退はヒトラーじきじきの命令によるという不文律が確立されており、命令は絶対だった。

付近一帯のフランドル地方はかなりの湿地帯で戦車の消耗が激しい。追いつめられた英仏軍を撃滅させるには空軍の爆撃だけで十分と判断したといわれるが、真相はわからない。もっとも進撃停止は二日間だけで、ふたたびヒトラーは攻撃を命じたが、一度停止した戦車部隊が動き出すには時間がかかった。

二日間の戦車部隊の進撃は連合軍にとって僥倖だった。チャーチル首相は英軍のイギリス本土への撤退を命じた。万一の場合を想定して練られていたダイナモ作戦だった。集結地はダンケルクである。

イギリス本国から駆逐艦はもとより、輸送艦、貨物船、大型ヨットまでドーヴァー海峡を渡ってダンケルクに急行した。五月二七日、第一陣の小型舟艇団が七六六九名を乗せてドーヴァーに到着した。小型舟艇には「恐妻号」とか「コーヒー・ブレイク」とか、あるいは「ハムレット」「男の誇り」など好き勝手な船

捕虜になったフランス兵（右）とドイツ兵（左）。

の名前がついていたそうだ。

実情はそれほど余裕ある撤退ではなく、五〇キロにわたる囲環防衛陣地に続々と集結しつつある英仏軍に、ドイツ空軍が容赦ない爆撃を加えた。歩兵部隊が防御陣地を突破しようとして激戦が絶え間なくつづいた。イギリス本土から戦闘機隊が飛来して地上部隊を援護したが、ドイツ軍の猛攻を食い止めることはできなかった。

撤退がつづくなか五月三一日、チャーチルはパリに飛んでレイノー首相、ペタン副首相、ヴェーガン仏軍総司令官らと会談した。フランス側は、その日までに判明している撤退数一六万五〇〇〇人のうち、フランス人は一万五〇〇〇人しかいないことに強い不満と批判を向けた。チャーチルもやむなく英仏同数救助の命令を出すことに同意する。

撤退作戦は六月三日で打ち切られたが、撤退総数は三四万人弱、うちフランス軍は一一万五〇〇〇人だった。取り残された英仏軍はドイツ軍の捕虜となった。

チャーチルは撤退作戦を打ち切った日、議会で演説し、「われわれは海岸で戦い、平野で戦う。決して降伏などしない」と述べた。ヒトラーは英仏軍七五個師団一二〇万人を死傷させるか捕虜としたこと、ドイツ軍の損害は戦死一万二二五五人、行方不明八六四三人、戦傷四万二五四三人であることなどを誇らしげ

乱戦の北方戦線でドイツ軍の捕虜となったフランス第９軍司令官の一人アンリ・ジロー（右から二人目）。後に脱走してイギリスに渡り、フランス領アフリカ長官、自由フランス陸軍最高司令官などをつとめた。アメリカの支援があったが、最後はド・ゴールとの勢力争いに敗れた。

マキシム・ヴェーガン（左）。彼がフランス国軍総司令官に任命されたときは（40年５月19日）、前線の連合軍崩壊は立て直しようがなかった。

ダンケルクに追いつめられた連合軍。

エッフェル塔をバックにするヒトラー。

パリの凱旋門を行進するドイツ軍。

遠方にエッフェル塔を見てひるがえるナチスの旗・ハーケンクロイツ。

に宣言した。

フランスの降伏

ドイツ軍がフランス本土への進撃を開始したのは六月五日である。

軍事的にはフランスはすでに敗北しているも同然だったが、政府も軍もすぐには降伏しなかった。実際にはドイツ軍の進撃が始まって一二日目に「休戦の申し込み」をするのだが、降伏するかどうかをめぐって政府と軍部の激しい対立があった。

ドイツ軍は海岸沿いのアプヴィル、アミアンからモンメディまでの三三〇キロ、マジノ線の全線三〇〇キロ以上の線に機甲部隊を東西に並べ、一斉に南下した。残存フランス部隊は戦車部隊はあえてやり過ごし、その後方を進んでくる歩兵部隊に激しく挑みかかった。

パリは六月一〇日に無防備都市が宣言され、ヒトラーもそれを承認し(攻撃しない)、パリを無傷で手に入れた。

政府はパリを離れ、ツール、ボルドーへと避難をつづけた。フランスの最後の希望はアメリカの参戦とイギリスの航空部隊の派遣だった。しかし、アメリカは参戦せずと回答し、イギリスは来るべき本土防衛に備える必要があるとして、航空部隊の派遣を拒否した。

ヴェーガンはフランス政府の降伏を要求し

ドイツ軍のマジノ線突破を阻止しようとするフランス軍戦車部隊。

イタリア参戦後、ミュンヘンで会談したヒトラー（右）とムッソリーニ（中央）。

コンピエーニュの森をゆくヒトラーとそのスタッフ。フランスの降伏署名は遠くに見える客車の中で行われた。場所も客車も第１次世界大戦でドイツがフランスに降伏した時と同じ設営だった。

たが、レイノー首相はチャーチル首相が提案した「英仏連合国家の創設」に共鳴し、フランス軍だけが降伏し、国家としては降伏しないことを主張した。だが、その提案は同意を得られずレイノーは総辞職した。アルベール・ルブラン大統領は、固辞するペタン元帥に哀願して首相を引き受けさせた。六月一六日である。

ペタン元帥は第一次世界大戦においてヴェルダンの戦いを指導し、フランスを勝利に導いた英雄である。八四歳の高齢にもかかわらず、国民の絶大ともいえる尊敬と信頼を保っていた。ペタン新首相はときを移さずドイツに対し休戦を申し込んだ。すでにパリが陥落した直後から早期和平を唱え、休戦はフランスを存続させる必要条件であり、「わが国の復興は、連合国の大砲を持ち込んで達成するより、むしろわれわれがとどまって予測不能な条件と猶予期間のなかで、待たねばならない」と考えていた。

休戦協定はパリ郊外コンピエーニュの森で行われた。フランス代表団に与えられていた唯一の指示は、もしドイツが（無傷の）フランス艦隊引き渡しを命じたら、交渉を決裂させよという一点だった。ドイツはそれを要求しなかった。六月二二日、休戦協定は署名された。

ドイツのポーランド侵攻以来、情勢をうか

侵攻された当時のフランス政府首脳。右からペタン副首相、レイノー首相。左端はヴェーガン国防軍総司令官。

マジノ線は内部に道路や鉄道が通り、この写真のような司令部も置かれていた。数キロおきに大砲を備えた要塞があり、平時でも100万を超す陸軍部隊が配置されていた。

マジノ線要塞のある拠点を突破したドイツ軍。

マジノ線を提唱し、構築に尽力した元フランス陸軍大臣アンドレ・マジノの記念碑を見上げるドイツ兵。

休戦を発表する新首相ペタン元帥。

がっていた枢軸国イタリアは、パリ陥落の六月一〇日に英仏に宣戦し、国境を越えて形ばかり兵をフランス領内へ入れた。ヒトラーはフランスとの休戦にあたりムッソリーニを脅し、フランスに対する過大な要求を引っ込めさせた。そうでないとフランスはふたたびドイツと戦うと言明していたからである。

戦闘は六月二五日で完全に停止した。

ドイツはわずか四五日間でオランダ、ベルギー、フランスを制圧した。世界中が驚いた電光石火の作戦だった。この分ではイギリスも危ないと思われた。カナダ政府は英王室の王女だけでも引き受けたいと申し入れたし、アメリカはドイツに占領された場合その艦隊をどう処分するのかと問い合わせた。日本でも陸海軍を中心に、ドイツと軍事同盟を結んでアジアの米英勢力を駆逐すべきだ、「バスに乗り遅れるな」との声が急速に高まった。

ドイツ軍が侵攻を開始した五月一〇日以来の連合軍の損害は、戦死がフランス兵一〇万以上(一二万という説も)、ベルギー兵七〇〇〇人、イギリス兵三五〇〇人、オランダ兵二九〇〇人だった。負傷は一二万だったが、捕虜は一五〇万人にのぼった。これに対して、ドイツ軍は戦死二万七〇七四人、行方不明一万八三八四人、戦傷一一万一〇三四人という。

四〇日間にフランス兵一〇万という戦死者数は、「第一次大戦中の平均戦没者数を四〇日分とってみた場合の二倍以上に相当」し、「フランス軍が侵略者をまえに逃走したとするとする根強い伝説に終止符を打つ」根拠であるとの指摘がある(アルベール・シャボン、福元啓二郎訳『仏レジスタンスの真実』)。

実際、スイスの軍事専門家エディ・バウアーが計算したところでは、五月一二日から六月四日、つまりスダン突破からダンケルク撤退までのドイツ軍の一日平均の人的損失は二四四九名だったが、六月五日から二五日にかけてのフランス本土での戦いでは、その平均損失数が四七六二名に上昇しているという。

占領下フランスの対独協力

ドイツはフランスでどんな占領政策を実施したのだろうか。

戦後のフランスは四つの地区に分割された。ドイツへの編入地区(アルザス・ロレーヌ地方、大多数の住民がドイツ語を話す地域)、ドイツ占領地区(軍政地区)、自由地区(フランス政府による統治)、イタリア占領地区(軍政地区、フランス南東部のごく一部)である。

占領地区はドイツから官僚がやってきて軍政を敷いたが、警察権は親衛隊に一任され、激しい弾圧を加えた。

自由地区はフランス政府が管轄し、首都をヴィシーに置いたのでヴィシー政権と呼ばれる。大統領制を廃止して、ペタン元帥が国家主席というポストにつき首相を任命して行政一般をまかせる形をとった。首相としてはピエール・ラヴァルが最も長く、有名である。

ヴィシー政権は、内政一般のほか海外植民地を継承し(たとえばアジアの仏印[現在のベトナム、ラオス、カンボジア]など)、休戦監視軍という名の一〇万の軍隊と、従来の海軍を保有することを許された。

ペタンやラヴァルのヴィシー政権は、大戦はいずれドイツの勝利で短期間で終息するという見通しにたっていた。だから、基本的にはドイツに協力しつつ、占領政策の緩和を求め、戦前とは異なった新しいフランスを再生させるという目標がたてられた。

フランス革命以来のスローガンである「自由・平等・博愛」に代わって「労働・家族・祖国」が唱えられ、ここ一〇〇年来つづいている人口減少をストップさせるために「産めよ殖やせよ」が大きな目標となった。堕胎を指導した女性が処刑されたケースもあった。こうした変革は一種の国民革命といわれたが、実態は、ドイツの無理な要求をほとんど拒否できなかったという点で、傀儡政府とまったく変わりなかった。

とりわけ、ドイツによるソ連侵攻の東部戦線(第4章参照)の戦いがきわめて不利になった一九四二年一一月、ドイツが自由地区をす

ドイツ軍の捕虜となったフランス兵。総数150万といわれる。

ドイツに対する敵対者の処刑。

べて占領してからは、ヴィシー政権の傀儡性は一段と強まった。ただ、ペタンにしてもラヴァルにしても英米に宣戦してドイツとともに戦うというつもりはなく、再三の要求を拒否している。

ドイツは、フランス人を（ポーランド人のように）絶滅させようとしていたわけではなかったが、資源・食糧・工業製品・労働者をドイツのために収奪するという点では情け容赦がなかった。

戦前の二倍という為替レートによる輸出入代金の相殺（ドイツの輸入超過が当然であったが、代金を支払う必要がなかった）、企業の強制買収やドイツへの供給を優先させるための保護工場の指定、ドイツで働く労働者の強制徴用など、自由地区でもヴィシー政府の主権など眼中にない占領政策を強行した。

フランス国内で動いている貨車の四台に一台はつねにドイツ向けといわれたし、労働者の徴用は、一五〇万にのぼるフランス人捕虜一人の釈放と三人の労働者を交換するという方式もとられた。大戦終了時にドイツにいた強制労働者は七〇万に達していた。一日四億フランという占領費の負担もあった。これは一〇〇〇

イギリスにおけるド・ゴール将軍。ドイツ侵攻当時は大佐で戦車隊長、のち新編の機甲師団を指揮してドイツ軍部隊に一撃を与えた。少将となり、レイノー内閣の陸軍次官に引き立てられたが、それはレイノーがド・ゴール年来のドイツ流の機動戦術論に共感していたからという。休戦前イギリスに派遣されたが、休戦となるとロンドンから戦争の継続を放送で訴え、さらに自由フランス委員会を宣言した。フランス軍法会議はド・ゴールを国家安全への攻撃、戦時国外逃亡などの罪で銃殺刑を宣告した。ド・ゴールの呼びかけが直接フランスのレジスタンス運動を鼓舞したわけではないが、連合軍の攻勢が高まるにつれて、ド・ゴールの内外における政治的地位は向上した。

万の軍隊を養うに足る額という。

こうして、フランス国内の工業製品の三割から五割はドイツへ送り出された。フランス人のカロリー摂取率は占領された西ヨーロッパ諸国のうち最低だったし、インフレ率は最も高かった。パリジャンの間にはウサギを飼って肉類を補充することがはやった。

占領下におけるフランスの再生というひそかな期待は絶望となり、国民の間ではレジスタンス（ドイツ軍への抵抗運動）がしだいに組織化されていった。

ドイツ占領時代のフランス（初期）

フランス・ユダヤ人の運命

ヒトラー・ドイツの占領地では、単に占領された国民が塗炭の苦しみを味わったという以上に、国内のユダヤ人絶滅のために協力させられたことで、筆舌に尽くしがたい凄惨な様相を帯びている。

フランスにはドイツが占領した時点で、約三三万のユダヤ人がおり、全人口の〇・八％を占めていた。最終的にはこのうち六万七〇〇〇人がアウシュビッツに送られ、そこからの生還者は二五〇〇人しかいなかった。

ユダヤ人に対する迫害は一九四〇年七月の

戦禍の中をさまよう母子。ベルギーで。

オランダのアムステルダムの街頭でドイツ兵に追われるユダヤ人。

占領直後から始められ、最初は職場や知的職業からの追放、財産の剝奪、公共施設(レストラン、映画館、劇場、美術館、コンサート、図書館、スポーツ施設、公衆電話、定期市など)への立ち入り禁止、二〇時以降の外出禁止、黄色星章の着用など、細かな規制が矢継ぎ早に制定された。やがては買い物時間の限定まで制定されたが、その時間帯にはほとんど店頭に品物がなくなっていた。最終的には二六の法律と二四の政令でユダヤ人が生きてはいかれないような規制の網がはられた。

こうしたあとに、結局は身元を拘束してまずフランス国内の収容所に送り、そこから主としてアウシュビッツへ送り込んだのである。国内の強制収容所で最も有名なものがドランシー収容所であり、「アウシュビッツの控えの間」といわれた。

いわゆるユダヤ人狩りには、フランス警察と憲兵がドイツ野戦憲兵隊や親衛隊に協力する形で進められた。彼らは三、四人一組になってユダヤ人の寝込みを襲い、連行した。子供も例外でなかった。

今日、ヴェル・ディブ事件として語り伝えられているのは、最初の大がかりな一斉逮捕(一九四二年七月一六日)のことを指している。逮捕者一万二八八四人のうち子供連れの家族約七〇〇〇人を通称ヴェル・ディブという競技場(パリ一五区)に四、五日押し込め、そこから強制収容所、さらに順次アウシュビッツへ送り込んだ。

最初から殺す目的で競技場に収容したとはいえ、屋根もない競技場で、真夏の太陽が照りつける中、飲料水も食糧もほとんど与えられず、トイレも少なく、渇きと飢えと臭気と身動きもままならないすし詰め状態のその光景は、そののち数カ月もたたないうちに送り込まれたガス室とは違った意味で、人間に対する冒瀆そのものを示していた。

総じて当時のフランス人はユダヤ人狩りには無関心だったが、本気になって反対したり、その素振りを見せると、たとえ非ユダヤ人であっても確実に強制収容所送りか、ただちに銃殺されるかの道しかなかったのである。

非ユダヤ人で強制収容所に送られた者は六万五〇〇〇人で、半数はレジスタンス関係者であった。レジスタンス関係者の銃殺は約三万、ドイツの強制収容所送りが約一五万、うち生還者は四万といわれる（フランス占領下の事情については主として渡辺和行著『ナチ占領下のフランス』を参考にした）。

最後に占領下のオランダとベルギーの事情にふれておこう。

オランダは昔からユダヤ人に寛容で、「ユダヤ人の避難港」といわれてきた。したがって、ナチスのユダヤ人狩りにはゼネストで抗議するなど、初期には占領行政に対して反発する姿勢を示した。だが、それもしだいに弾圧され、ユダヤ人を救うことはできなかった。一一万のオランダ市民ユダヤ人で生き残った者は五〇〇〇人といわれる。虐殺された者は、フランスのユダヤ人よりも多かったのである。

占領後半になるほどドイツへ移送される工場施設、原料、食糧は増えつづけ、大量のオランダ人が強制労働に徴発された。加えて占領費の負担が生活を厳しく圧迫した。

ベルギーでも軍需工場の機械や資材のドイツ移送、占領費の支払い、労働者の徴発（総数三〇万人がドイツへ）が行われ、生活は困窮した。一九四三年には一人当たり一日の食糧割当は一六〇〇カロリーといわれる。ベルギーのユダヤ人はオランダよりも少なかったが、それでも二万人ほどが犠牲となった。

そのとき日本は……

ドイツのフランス侵攻時、支那事変（日中戦争）は３年が経過していた。海軍大将米内光政内閣は米英とは争わずとの姿勢を堅持していたが、陸軍を中心とする勢力はドイツに占領されたオランダの植民地・蘭印（今のインドネシア）、同じくフランスの植民地・仏印（今のベトナム、ラオス、カンボジア）への勢力伸張を要求、ついに倒閣に追い込んだ。第２次近衛文麿内閣が組織され（1940年７月22日）、新外相松岡洋右、新陸相東条英機らがリードして、ハノイを中心とする北部仏印に軍隊を進駐させ（40年９月23日）、日独伊３国（軍事）同盟を締結し（40年９月27日）、枢軸国陣営であることを明確にした。このときイギリスはドイツ空軍による激しい空襲にさらされていたが（次章参照）、この二つの決断は、武力による米英陣営（連合国）打倒を内外に宣言したも同然だった。

北部仏印進駐の日本軍。

第3章

イギリス、徹底抗戦へ

英本土空襲に必死の反撃、北アフリカ・バルカン諸国でも英軍が孤軍奮闘

夕刊 朝日新聞

戰局正に決定的段階
ロンドン空襲愈熾烈
獨空相の强硬宣言

今晩まで九時間
獨英大空中戰
巨彈 議事堂に集中

全市火の海

對英攻撃本格化

十キロ四方大火災

歸國を忘れた獨機
ロンドン空襲觀戰記

ロンドン空襲を報じる1940年９月10日付『朝日新聞』。チャーチルがヒトラーの和平提案を受け入れて、ドイツのヨーロッパ支配を認めるかどうか２、３週間がヤマと観測している。

ヒトラー、イギリスに和平提案

ヒトラーは西ヨーロッパ制圧のあと、イギリス本土に部隊を上陸させ、占領する計画をたてていた。「あしか作戦」と称された。しかし、イギリスの方から和平を求めてきた場合には、中止する予定だった。フランスを占領したあと、中立国のスウェーデン、アメリカ、さらにはローマ法王庁を通じて和平を求めてくるように働きかけ、議会でも演説して、英本土上陸作戦の準備が完了したことと、和平の提案を行っている。

イギリスではごく一部に和平に応じるべきだという意見もなかったわけではない。しかし、チャーチル首相以下国民の大多数はそれを論外としていた。すべての占領地から軍隊を撤収し、原状に戻すなら応じてもよい、これがチャーチルの回答であった。

チャーチル英首相。断固としてヒトラーの和平提案を蹴った。

フランスがドイツと休戦協定を結んだ直後の七月初め、イギリスは徹底抗戦の意思を軍事行動によって強烈に世界にアピールした。

フランスの艦隊の一部をあえて砲撃して撃滅したのである。すなわち、アルジェリアの軍港メルエルケビルに停泊中の巡洋戦艦「ダンケルク」「ストラスブール」など二〇隻あまりの艦隊を警告のうえ

ドイツ空軍の陣容。戦闘機のメッサーシュミット109型（上）と爆撃機(中・下)。

英本土爆撃作戦の報告を聞くゲーリング元帥。

撃滅した。これらフランス艦船が独仏休戦協定に違反して、ドイツ海軍に編入され、地中海や北海で作戦したとしたら、非常に不利になると感じていたからだ。当時のフランス海軍司令官ダルランも、フランス艦隊をドイツ海軍に使用させることはないと保証していたが、イギリスは安心できなかった。

結局、ヒトラーはイギリスとの和平を諦めさせられた。

英本土上陸作戦は八月下旬に実施されることになったが、決行は再三延期された。上陸部隊（一三個師団、二六万）を輸送するドイツ

英本土空軍の守り神となったスピットファイア戦闘機。

出撃命令が下り、ハリケーンに駆け寄る英空軍の戦闘機搭乗員。

海軍は、ドーヴァー海峡の完全な制海権と制空権を手に入れないかぎり、成功は難しいと主張したからだ。イギリス海軍には戦艦は二隻しかない。イギリス海軍は本国艦隊だけをとってみても戦艦五隻をもっていた。地中海や大西洋海域を含めると一〇隻を数えた。まともに戦ったらかなうはずはない。だからこそ、ドイツ海軍は開戦以来、Uボート（ドイツ潜水艦の通称）による輸送船攻撃に専念してきたのである。

上陸作戦の前に、イギリス空軍を絶滅させることが必要だった。空軍さえ制圧してしまえば、三〇キロあまりのドーヴァー海峡にUボートや機雷で左右を固めた「海の回廊」をつくり、上陸用舟艇を安全に通すことができる。ドイツ空軍司令官のゲーリング元帥は、英本土の航空基地を爆撃し、イギリス空軍を制圧するには二週間あればよいと請け合った。

こうして、七月一〇日からドイツ空軍による英本土爆撃が開始された。

メッサーシュミットとスピットファイアー

当時、英本土爆撃に使用できるドイツの航空機は、水平に飛びながら爆弾を落とす爆撃機が一〇〇〇機、狙いを一点に定める急降下爆撃機（シュツッカー）三五〇機、戦闘機九五〇機、爆弾も積める重戦闘機三七〇機の計二六〇〇機あまりである。これらが三つの航空軍に分かれ、北フランス、ベルギー、ノルウェーに分散配置されていた。

爆撃機はハインケルHe111型、ドルニエDo215型、さらにシュツッカーのJu87型などであり、戦闘機の主力はメッサーシュミットBf109型だった。いずれもこれまでの数々の侵攻作戦で華々しい戦果をあげてきたという自負があった。

これに対し、英本土空軍（RAF　ロイヤル・エア・フォース）の陣容はもっぱら戦闘機部隊である。

すなわち、ホーカー・ハリケーンとスーパーマリーン・スピットファイアーの約七〇〇機であり、さらにこれらを週に一〇〇機から一四〇機生産する態勢を整えていた。そのためにチャーチルは首相に就任すると航空機製造省を設け、専任大臣（ビーバーブルック卿）まで置いたのである。

戦闘機は、飛来する爆撃機とそれを護衛している戦闘機を撃墜するのが目的だ。戦闘機部隊は大きく四つのグループに分けられていた。イギリス西南を防衛する部隊（司令部バス）、スコットランドと北部防衛の部隊（司令部ニューカッスル）、産業の心臓部である中部を防衛する部隊（司令部ノッティンガム）、ロンドンと南東部防衛担当の部隊（司令部ロンドン郊外アクスブリッジ）である。

英本土の大陸寄り海岸に張りめぐらされたレーダー。これは低空で侵入する敵機を30マイル（約48キロ）遠方で探知できた。

地下に設けられた空軍司令部。レーダーや監視員からの情報を集中させ、前線の戦闘機部隊を指揮した。

加えて、イギリス空軍には強力な秘密兵器があった。レーダーである。

　電離層に電磁波を反射させて遥か遠くから飛行機を探知する一般的理論は世界各国に知られていたが、早々と軍事目的に実用化していたのはイギリスしかなかった。イギリスはこのレーダーを北端のシェトランド諸島から海岸沿いにウェールズにいたるまで張りめぐらせていた。

　レーダーとハリケーン、スピットファイアーこそイギリス防衛の切り札だった。

　開戦前、チェコスロバキアのズデーテン地方の割譲を要求するヒトラーに対し、イギリス首相チェンバレンは譲歩してそれを認めた。ハリケーンもスピットファイアーもレーダー網も完成していなかったからだ。一年後、ドイツがポーランド侵攻を始めたとき、イギリスはフランスを誘って敢然とドイツに宣戦した。それらがすでに完成して、たとえドイツが本土爆撃を始めても撃退できる態勢が整ったからだった。こう指摘しているのは、ジェイムズ・F・ダニガンとアルバート・A・ノーフィである（『第二次世界大戦　あんな話こんな話』大貫昇訳）。

　もっとも、当時のレーダーはその後の大戦中の進歩にくらべてみても幼稚なものだった。敵機が近づきつつあるということをいち早く探知することはできたが、それ以外の詳しい情報（機数、方向、高度など）を知るために、望遠鏡や双眼鏡、携帯電話を持った監視員が海岸にへばりついていなければならなかった。五万人にのぼる要員がその任務についていた。

バトル・オブ・ブリテンの始まり

七月一〇日、ドイツ空軍の爆撃が開始された。ただ、当初はまだヒトラーがイギリスとの和平を希望していたこともあり、また直接の目的が英本土上陸作戦のための制空権確保という目的を達成することだったため、比較的限定された空爆だった。すなわち、イギリス本土南岸の港湾、船舶、ドック、飛行場などが対象である。

しかし、ドイツ空軍は目的を達せられなかった。ゲーリング元帥の大言壮語にもかかわらず一カ月たっても効果は上がらず、かえって二二七機を撃墜され、イギリス側は八四機を失っただけだった。

ドイツ機が英本土上空で撃墜されるということは、たとえパラシュートで脱出しても捕虜となるしかなく、ドイツは飛行機とともにパイロットも失うことになるのだった。それに対して、イギリス側はたとえ撃墜されても脱出できれば部隊に戻り、ふたたび出撃できるという地の利があった。

ドイツ空軍がイギリスの新鋭機スピットファイアーと空戦したのはほとんど初めてであった。メッサーシュミットと比較するとスピードはほぼ互角、上昇力や急降下速度ではむしろ劣っていた。しかし、急角度で曲がったり、宙返りする旋回能力ではスピットファイアーが優っていたので、ドイツ機が撃墜されるケースが多かったのである。しかも、メッサーシュミットの本来の任務は爆撃機の護衛であり、爆撃機から遠く離れて思う存分の空戦に専念できない不利があったのだ。

そのうえ、メッサーシュミットの最大の弱点は航続距離が短いことだった。六〇〇キロといわれるが、それはいわば経済速度での話であり、戦闘となると全速力で飛ぶからそうはいかない。「航続距離は一六〇キロから二〇〇キロ、航続時間は大体一時間半」と紹介している文献もあるくらいで、時間が気になって満足に空戦ができなかった。改良型の110型はもっと飛べたが、性能が悪すぎた。結局、ドイツ空軍の爆撃機はイギリス南東部を越えて爆撃するときは、しばしば戦闘機の護衛なしで飛ばなければならず、ハリケーンに容易に撃墜された。

そういうわけで、ドイツは一カ月たってもドーヴァー海峡の制空権を確保できず、フランス西沿岸に並べられた上陸用小型舟艇の大群は、上陸訓練で時を費やすしかなかった。

八月一一日からは、ドイツ空軍の爆撃は一段と激しさを増した。しかし、この時期になると、急降下爆撃機は出撃しなくなった。あまりにも多く撃墜されたからである。爆撃目標にレーダーステーションも加えたが、ドイツはレーダーの効用をあまり高く評価していなかったので、それほど力を入れなかった。

八月一五日から最大規模の空爆が始まった。一五日が夜明けから夕暮れまで延べ一八〇〇機、一六日が同じく延べ一七二〇機といわれる。英本土空軍（RAF）は一人のパイロットが二回三回と連続して飛び立ち、延べ五〇〇機を出撃させた。

とりわけ、ノルウェー基地から出撃したドイツ空軍一七〇機を迎撃したときは、その三分の一を撃墜するという大きな戦果をあげた。一五、一六日の両日で約一二〇機を撃ち落とした。

ドイツ空軍の激しい英本土爆撃は九月六日までつづき、RAFも毎週二〇〇機から二五〇機を失った。これは週当たりの生産機数を上回った。。パイロットの戦死も激しかったが、RAFはなんとかそれをしのぎきった。

八月二〇日、チャーチル首相は議会で演説し、「人類の闘争で、かくも多数の人間が、かくも少数の人間の恩恵を受けたことはかつてなかった」と、RAFの搭乗員たちを賞賛した。搭乗員たちは、「かくも安い給料で」とまぜっかえしたそうだ。

八月二四日、ドイツ空軍は初めてロンドンに爆弾を落とした。そもそもは近くの石油貯蔵庫と航空機工場を狙ったのだが、誤ってロンドンに投下してしまったのだった。チャーチルはただちにベルリンへの報復爆撃を指令、翌二五日、八〇機出撃してその半数が到達、初めてドイツの首都を爆撃した。イギリス機は一機も撃墜されなかった。首都の防空体制は意外にもろかった。以後、連日のようにベルリン空爆はつづけられた。

ロンドン空襲と上陸作戦の無期延期

九月七日、ドイツ空軍は爆撃の主目標をロンドンに切り替えた。白昼の空襲にロンドン市内には絶え間なく空襲警報が鳴り響いた。夜に入っても空襲がつづくことがあった。

とくに九月一五日のそれは最大規模の空襲

ドイツ空軍のイギリス本土空襲

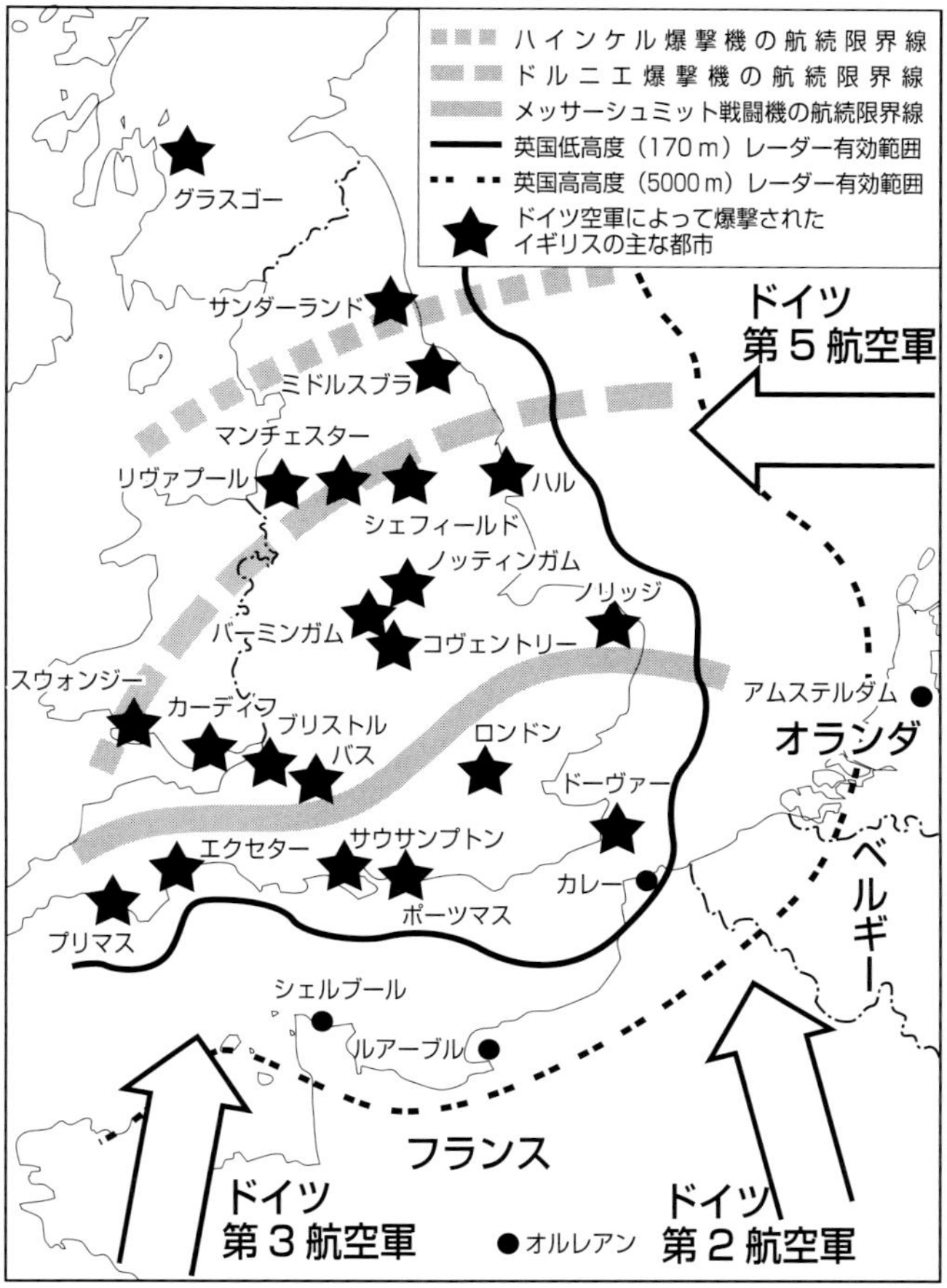

空戦。黒煙を吹いているのはいずれも英軍機。

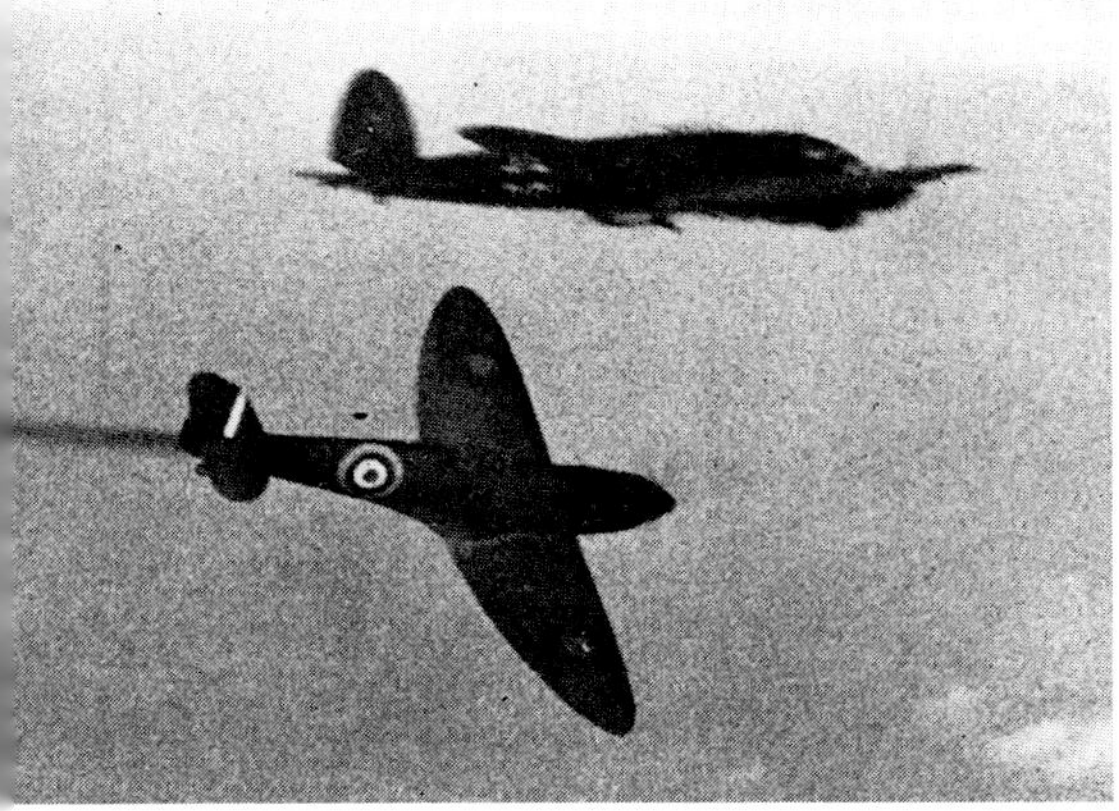

夜間空襲を受けるロンドン。

となったが、ＲＡＦも果敢に迎撃し、五六機を撃墜した。この損失はドイツ空軍に大きな衝撃を与え、ドーヴァー海峡の制空権確保をほとんど諦めさせることになった。

九月二三日、偵察機が、フランスの西海岸に集められていたドイツ軍の上陸用舟艇の大群がほとんど姿を消していることを報告した。危機が去ったのだった。

しかし、ドイツ空軍はロンドン空襲をやめたわけではなかった。白昼の空襲は九月三〇日で終わったが、翌日からは夜間空襲が始まった。目標もバーミンガムやその他の地方都市に拡大された。

チャーチルや航空機関係者は都市爆撃をむしろ歓迎した。その間に、航空機工場は安心して増産に専念できたからである。ロンドンでは爆撃のたびに一万から二万の市民が家を失った。チャーチル首相は空襲の翌朝、市街に出て市民を励まし、議会では「大都市の破壊の場合には収益逓減の法則が働く」とうそぶいていた。「多くの爆弾はすでに破壊された家屋の上に落ちて、ただ瓦礫をはね飛ばすだけ」というわけだ。

一〇月一五日の満月の夜、ドイツ空軍は四八〇機でロンドンに侵入し、三八六トンの高性能爆弾と七万個の焼夷爆弾（火災目的の爆弾）を投下した。市街は猛火に覆われたが、これを機会に何百もの消防隊が組織された。夜間空襲は一一月初めまで、連夜二〇〇機を超える大編隊でつづけられた。

チャーチルはその著『第二次世界大戦』のなかで次のように回想している。

「ロンドンはたとえるならば、何か巨大な有史以前の動物のようなものであり、あちこちに傷を受けてずたずたにされ、血を流す恐ろしい傷を受けてもなおそれに耐えて生き長らえ、うごき回るというのに似ていた。

アンダーソン退避所は二階建の家屋が並ぶ労働者階級の地区に広げられ、それを人が住めるように、また雨天には排水ができるようにするためあらゆる努力が払われた。その後モリソン退避所が案出されたが、それはただ強い針金の側面をもった鋼鉄製の重いキッチン・テーブルにすぎなかったが、小家屋の残骸を支えることができ、ある程度の保護になった。多くの人がそのおかげで命拾いした。

爆撃で瓦礫の下敷きになった市民の救出。

英本土空軍のウイッカーズ・ウエリントン重爆撃機。ベルリンを報復爆撃した。

爆撃を受けたロンドン市内の図書館。

その他については、すべて『ロンドンは耐えて勝った』のだ。彼らは身に降りかかったものすべてに耐えた。否、それ以上のものに耐えたであろう。実際、当時われわれはロンドン市全体が破壊されないかぎり、終わりがないように思われた」（佐藤亮一訳。アンダーソン退避所とは、なまこ鉄板をかまぼこ型にして作った移動避難所で、当時空襲対策の総責任者だったサー・ジョン・アンダーソン内相の名を冠したもの）。

一一月一四日、人口三〇万で自動車をはじめ軍需工業の拠点だったコヴェントリーが、大空襲を受けて一夜にして壊滅した。「コヴェントリー化する」という新語が生まれたように、徹底した絨毯爆撃と焼夷爆弾のせいだった。チャーチル首相は、ドイツ軍の暗号を解読する「ウルトラ」を、首相限りとする情報源としてもっており、コヴェントリー爆撃の情報も事前に知っていた。しかし、暗号を解読していることをドイツ軍に悟られないために、あえてコヴェントリーに対して事前警告を与えなかった。

ドイツ空軍の英本土空襲は一一月末でほぼ終息した。爆撃によってイギリスを屈服させることはできないことがはっきりした。この四カ月におけるバトル・オブ・ブリテンでドイツ空軍は約一七〇〇機を失い、ＲＡＦは約九〇〇機を失った。

右上・空襲の間、地下鉄の構内に避難したロンドン市民。

右下・1日に2回も3回も飛び立ってドイツ機を撃退したRAF（英本土空軍）のパイロット。

左上・5万の敵機監視員は大部分が民間人だった。

左中・監視員からの電話を受けるのは女性の仕事だった。

左下・ロンドンの子供たちはかなり早い時期から田舎へ疎開した。

右上・消防隊員も不眠不休の日がつづいた。
右下・爆撃機が去って一息いれる市民。

左上・年寄りもドイツ軍上陸に備えて訓練した。
左下・コヴェントリー市の大聖堂も瓦礫となった。

右上・ホワイトハウス前で参戦反対デモを行うアメリカ母性十字軍。ルーズヴェルト大統領は米世論をいかに参戦に転換させるか、苦心していた。
上・インディアナポリス（インディアナ州）の参戦反対デモ。議員が先頭にたった。

アメリカによる軍事支援の本格化

イギリスは簡単にドイツに征服されるという世界中の「期待」と「懸念」は、完全に吹き飛んだ。

そうしたなかで、アメリカのルーズヴェルト大統領はチャーチル首相との個人的親交を深めながら、その権限をいっぱいに使って、イギリスへの援助を拡大しようとしていた。大戦中、両首脳が極秘の通信回線を用いてやりとりした私信は、往復二〇〇〇通という。

ロンドン空襲が本格化する前の九月三日(一九四〇年)、アメリカの旧式駆逐艦五〇隻がイギリスへ引き渡された。アメリカは現金の代わりに大西洋のイギリス領基地(ニューファンドランド、バミューダ諸島、西インド諸島)やギニア基地(南アメリカ北部大西洋岸)を九九カ年租借した。

その年の一二月八日、チャーチルはルーズヴェルトに対して「イギリスはもう現金を支払えなくなるかもしれない」と手紙で訴えた。それを受けてルーズヴェルトはアメリカ国民に対して、なぜイギリスを支援すべきなのかを説得しなければならなくなった。当時、アメリカ人の圧倒的多数は、ヨーロッパ(やアジア)の戦争に巻き込まれるべきではないと考えていた。いわゆる孤立主義である。

一一月、ルーズヴェルトは「国民を戦場に送ることはない」という公約を掲げて再選された。一二月二九日、ルーズヴェルトは大統領執務室から国民に語りかけるように訴えた。「アメリカは民主主義国の兵器工場とならなければならない」と。炉端談話の始まりだった。翌年(一九四一年)一月六日、ルーズヴェルトは議会に送った年頭教書の中で、「四つの自由」すなわち、言論と表現の自由・信教の自由・欠乏からの自由・恐怖からの自由を守るために、ファシズムと戦っている国民への支持を訴えた。

彼のいうファシズム国家の筆頭はもちろんヨーロッパ中を荒し回っているヒトラーのドイツであり、ムッソリーニのイタリアであったが、その独伊と軍事同盟を結び中国への攻略を三年半にわたってつづけている日本もその一国だったのだ。

ルーズヴェルトは洋の東西でくりひろげられている戦争を「民主主義とファシズムの戦い」という分かりやすい図式で説明しようとしたのである。

ドイツ海軍とイギリス海軍の戦い

ドイツ海軍は戦艦など水上艦艇ではイギリス海軍に歯が立たなかったので、イギリス沿岸に対する機雷敷設とともに、Uボート（潜水艦。UNTERSEE BOOTから。英米の潜水艦はSUB-MARINEという）を大量に造って、英米の輸送船・商船・貨物船を無制限に攻撃した。第1次大戦での戦術と同じである。開戦当初、Uボートは57隻しかなかったのに、最終的には1113隻も就役させたが、連合軍はその7割を沈めた。連合国・中立国が被った船舶の損害を年度別に列記しておこう。

1939年	114隻	42万トン
1940年	471隻	218万トン
1941年	432隻	217万トン
1942年	1160隻	626万トン
1943年	463隻	210万トン
1944年	132隻	77万トン
1945年	56隻	28万トン

※このうち150隻の軍艦がふくまれている。

ドイツ海軍の小型戦艦「グラフ・シュペー」の最期。開戦直後から南大西洋、インド洋、そして南大西洋と機動しながら、連合軍の商船を9隻（5万トン）撃沈した。最後はイギリス海軍に追いつめられ、南米ウルグアイのモンテビデオ港外で自沈した（1939年12月17日）。写真はその模様。

右上・Uボート。1隻500トンから750トン。10〜20隻がいっしょになり、水上の魚雷艇とともに包囲攻撃する狼群作戦をとった。
右・Uボートに対抗するには駆逐艦による魚雷か爆雷に頼るのがふつうの戦術。写真はその魚雷発射の一瞬。

これらの行動がすべて伏線となって、武器貸与法が成立した（三月一一日）。大統領はアメリカの防衛に必要とあればどこの国にであれ、売却・譲渡・交換・貸与・融資などの手段で、武器弾薬を無制限に援助できるようになった。アメリカはドイツに宣戦布告こそしていないが、中立国ではなくなった。

バルカンと北アフリカの戦場

一九四一年前半に、戦線が西ヨーロッパやイギリス本土以外に拡大した。一つはバルカンであり、一つは北アフリカであった。いずれもムッソリーニのイタリアが軽率にも始めた戦いが発端だった。

［イタリアのギリシャ侵攻とドイツのユーゴスラヴィア、ギリシャ侵攻］

一九四〇年一〇月二八日イタリアは、大戦前に占領・併合した（一九三九年四月）アルバニアから進撃して、ギリシャに侵攻した。戦争の大義名分はまったくなく、単にヒトラーに対する屈辱感を晴らすためだった。馬鹿げているが、どうもそれが真相らしい。

それまでヒトラーはポーランド侵攻もノルウェー侵攻もフランス侵攻もムッソリーニにはなんの予告もなく始めたが、枢軸同盟国たるイタリアを無視するヒトラーにムッソリーニは耐え難い屈辱感を抱いていたのである。

ドイツ軍・イタリア軍のユーゴスラヴィアとギリシア侵攻

右上・ギリシャに侵攻するドイツ機甲部隊。右下・ドイツ軍に降伏するユーゴスラヴィアの部隊。

参謀総長バドリオ元帥が一週間にわたって反対しつづけたが、結局は強行された。

しかし、イタリア軍はギリシャ軍によってわずか二週間で撃退された。この戦争はヒトラーにとって思いがけない展開だった。ギリシャ政府の要請にイギリス空軍はエジプトから五個中隊を送って進撃中のイタリア軍を空襲したほか、クレタ島をはじめギリシャ国内に部隊を進駐させたからである。

ドイツはすでにソ連侵攻の準備を行っていたが、ギリシャのイギリス軍の存在はウクライナ地方の攻略にとって腹背を衝かれる恐れがあった。また、ドイツにとって重要な石油基地があるルーマニアに対して、イギリス軍が駐留するギリシャが脅威となった。

こうした情勢の変化に加えて、ユーゴスラヴィアに「反乱」が起こった。

ヒトラーはフランス占領を果たしたころから、バルカン諸国を着々と勢力圏に組み入れていた。最大の焦点がルーマニアであって、ここでは独ソ不可侵条約の付属秘密議定書に従ってベッサラビア地方（第一次大戦までロシア領だった）とブコヴィナ北部（ここは一度もロシア領だったことはない）をソ連領とすることを承認した。さらにハンガリーの要求を満たすために北部トランシルヴァニア（一一世紀ころからのハンガリー領で、第一次大戦までオーストリア・ハンガリー帝国領）を、ブルガリアの要

ナチス・ドイツ軍に処刑されたユーゴスラヴィアのパルチザン。
ユーゴスラヴィアは国家をずたずたに分割され、ドイツ領、イタリア領、ハンガリー領、ブルガリア領などとなった。そのなかで、クロアチア人が優遇され、彼らはドイツ軍をセルビア人支配からの解放者と位置づけた。クロアチア領内でむごたらしいセルビア人狩りとユダヤ人狩りが始まり、セルビア人も領内のクロアチア人に情け容赦なく報復した。ハンガリーやブルガリアでもセルビア人迫害が行われ、それに対する報復が際限なくつづき、民族憎悪の地獄図が現出した。チトーに指導されていたユーゴスラヴィア共産党のパルチザンと、正規軍のうちセルビア将兵の一団・チェトニクがドイツ軍にゲリラ戦を挑んだが、まもなくチェトニクはパルチザンへの攻撃も始めた。民族の抗争と抵抗組織の抗争が入り乱れた。

求を満たすために南部ドブルジャ（ブルガリア人居住地域）をそれぞれ割譲させた。

ルーマニアは第一次大戦後のヴェルサイユ体制で最も領土を増やした国家といわれたが、そのヴェルサイユ体制を破壊しようとしたヒトラーによって旧体制に引き戻された。国王カルロ二世は亡命し、親ナチスのアントネスク将軍が政権を握り、ドイツ軍を進駐させた（一九四〇年一〇月）ほか、日独伊三国同盟へ参加した。

次いでヒトラーはユーゴスラヴィア、ハンガリー、ブルガリアをも三国同盟に参加させ、それぞれの国に軍隊を進駐させたが、ユーゴスラヴィアだけが土壇場になって反旗をひるがえしたのである。

一九四一年三月二七日、ユーゴスラヴィアでは空軍参謀長シモヴィチの指導のもとクーデタが起こった。「条約より戦争を」「奴隷より墓場を」と叫ぶ大衆デモに促されるように、四月五日ソ連との友好不可侵条約を締結した。独ソはまだ友好関係にあったのだから表面的には反ヒトラーというわけではない。が、ヒトラーにとっては反逆も同然だった。

時を移さず、四月六日、ドイツ空軍と機甲部隊がユーゴスラヴィアとギリシャを攻撃した。ユーゴスラヴィアは一週間で降伏、ギリシャは四月二〇日、開戦後に実権を握った親ナチス政権が休戦条約を結んだ。支援のイギリス軍は、一部はエジプトのアレキサンドリアまでたどりついたが、クレタ島の守備隊はドイツ軍に降伏した。

バルカン諸国は完全にナチス・ドイツの支配下に入った。

［北アフリカ、砂漠の戦い］

イタリアがリビアを植民地としたのは一九一二年で、当時の宗主国オスマン・トルコと戦って手に入れた（伊土戦争、あるいはトリポリ戦争）。リビアはイギリス支配下のエジプトと接している。

イタリアが英仏に宣戦したとき（一九四〇年六月一〇日）、リビアにはイタリア軍が二五万ほど駐留していた。

イタリア軍は九月一三日（ドイツ空軍によるロンドン空襲が始まったころ）、八万の兵力で進撃を始め、エジプト領内のシディ・バラニ（国境から五〇キロ）を占領し、居座ってしまっ

エジプトへ侵攻するイタリア軍。数は多かったが、機甲部隊とは名ばかりだったので、砂漠の進撃には耐えられなかった。

た。本当はカイロを攻め、スエズ運河を押さえるはずだったが、イタリアの機甲部隊にはそんな能力はなかった。イタリアは東アフリカのソマリアやエチオピアにも約三〇万の兵力（本国部隊約一〇万、現地部隊約〇万）を展開していたから、東西から挟撃すればエジプトのイギリス軍はひとたまりもない。少なくともムッソリーニはそう思っていた。

　しかし、イタリア軍は第一次世界大戦当時の軍備に毛が生えた程度のもので、その東アフリカの部隊もスーダンやケニアに展開しているわずか二万あまりの兵力にすっかり牽制されていたのである。

　イタリアが北アフリカを侵攻した当時、それに対抗できるエジプトのイギリス軍は、第七機甲師団三万六〇〇〇人である。しかし、イギリスはインドやオーストラリア、マレー・シンガポールから続々とエジプトへ部隊を送りこみ（年末まで五万）反撃の機会をうかがっていた。

北アフリカ戦線略図

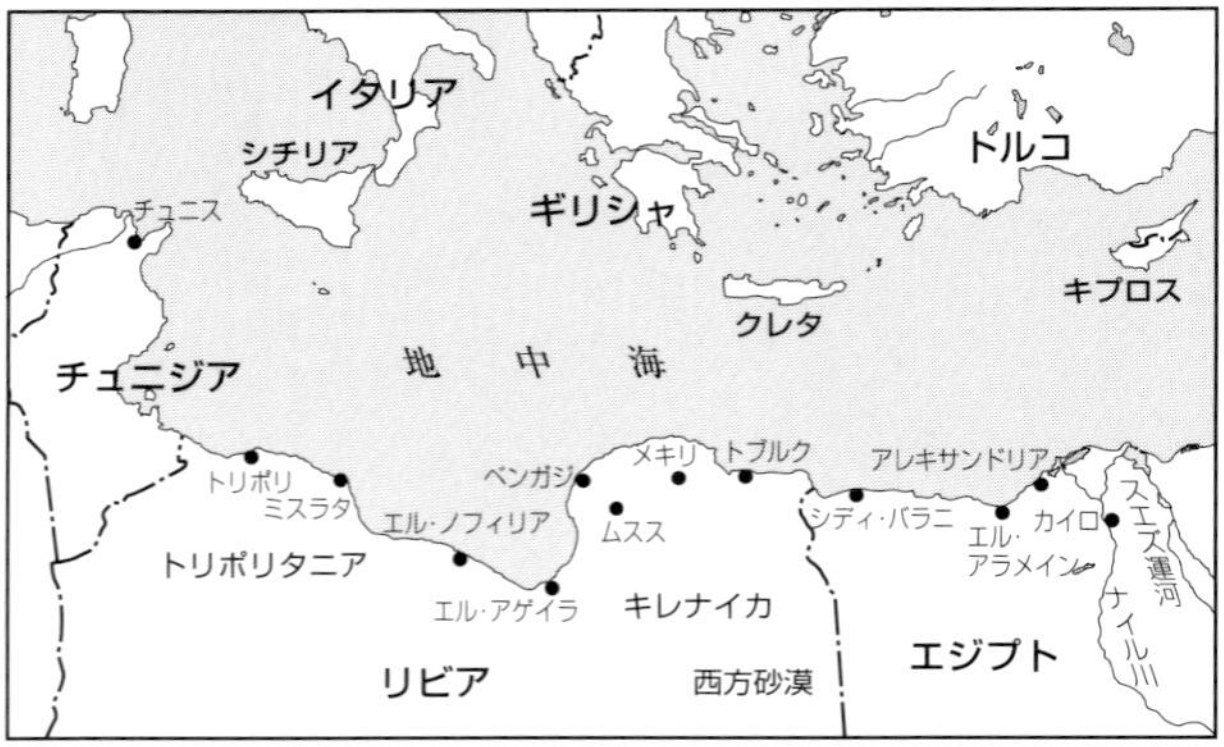

ギリシャから後退してアレキサンドリアに着いたイギリス軍。

一二月九日、イギリス軍はシディ・バラニ奪回作戦を始めた。マチルダ戦車を先頭にした機甲部隊にイタリア軍は早々と敗走を始め、新たに加わったオーストラリア軍第六師団との追撃に、二月にはトリポリまで後退した。二カ月あまりで約一四〇〇キロも後退したのだ。その間にイギリス軍が捕虜にしたイタリア兵は約一五万。イギリスは数ではなく「五エーカーの将校、二〇〇エーカーの兵」と嘲笑した。

そのとき日本は……

支那事変（日中戦争）は３年５カ月が経過していた。すでに日独伊３国同盟を締結し、公然と米英陣営との対決姿勢を明らかにした日本に対して、アメリカは猛烈な経済制裁で報いた。屑鉄・工作機械・鉄鋼製品・航空機用潤滑油製造に関する設備などの全面的輸出禁止や輸出制限強化などだが、石油だけは輸出を認めていた。イギリスは空襲をしのぐ目途がついたころ、一時中止していた中国に対する軍事援助を再開した（1940年10月18日）。日本は中国を支援しているアメリカと戦争しないで支那事変で勝利したいという矛盾した期待を抱きつづけていた。それが、1941年になるとアメリカとの国交調整交渉の申し入れとなる。一方では満州国の安全を図るため日ソ中立条約を締結し（1941年４月13日）、蘭印（オランダ領東インド。現インドネシア一帯）やマレー（イギリス保護領）・シンガポール（イギリス領）進出の環境づくりを行った。

日ソ中立条約に調印する松岡洋右外相。後ろ右から二人目がスターリン首相。

第4章

ドイツ、ソ連へ侵攻す

バルバロッサ作戦開始で独ソ蜜月時代の終焉、米英はソ連を全面的支援へ

朝日新聞 東京

ソ聯つひに大戰に突入す

獨、對ソ宣戰を布告

ヒ總統進擊命令を發す

（上）ヒツトラー總統（下）スターリン首相

駐獨大使に通告

駐ソ獨大使宣戰通告

伊も對ソ宣戰布告

羅も宣戰進擊

1941年６月23日付『朝日新聞』。

ドイツ軍の大型大砲。独ソの国境をなすブグ川からソ連軍陣地に最初の一発を撃ち込んだとき、ソ連軍砲兵隊はしばらく応戦しなかったそうだ。それぐらいソ連軍にとっては虚を突かれた奇襲だった。

ドイツ軍三〇〇万、ソ連へ進撃

一九四一年六月二二日、ドイツの機甲部隊が雪崩を打ってソ連へ侵攻した。独ソは一年八カ月前に不可侵条約を結んでいたが、ヒトラーは言うなれば予定通りにそれを破って、奇襲したのである。ヒトラーはバルバロッサ作戦と称した。バルバロッサ（赤ひげ王）は一二世紀の神聖ローマ皇帝フリードリヒ一世で、教皇と争いながら常に支配権の拡大を求めていた人物という。

三〇〇万の軍勢が、バルト海からカルパティア山脈（ルーマニアとソ連国境沿い）にいたる南北一五〇〇キロに展開して、大砲の音をとどろかせ、キャタピラーを響かせながら戦車をいっせいに進撃させた。

三〇〇万の軍勢は大きく三つに分かれて、それぞれ次のような兵力を持っていた。目安として一個機甲師団は戦車約二〇〇から四〇〇両、一個歩兵師団は約一万五〇〇〇から二万人と考えてよい。

◎中央軍集団。ブレスト・リトフスク（ポーランド領だが、当時はドイツの占領地区）あたりから行動を起こし、まっすぐ東に進撃して、モスクワをめざした。モスクワまで一〇〇〇キロあまりである。この中央軍集団には機甲師団二七個のうち一五個師団が、歩兵師団も七

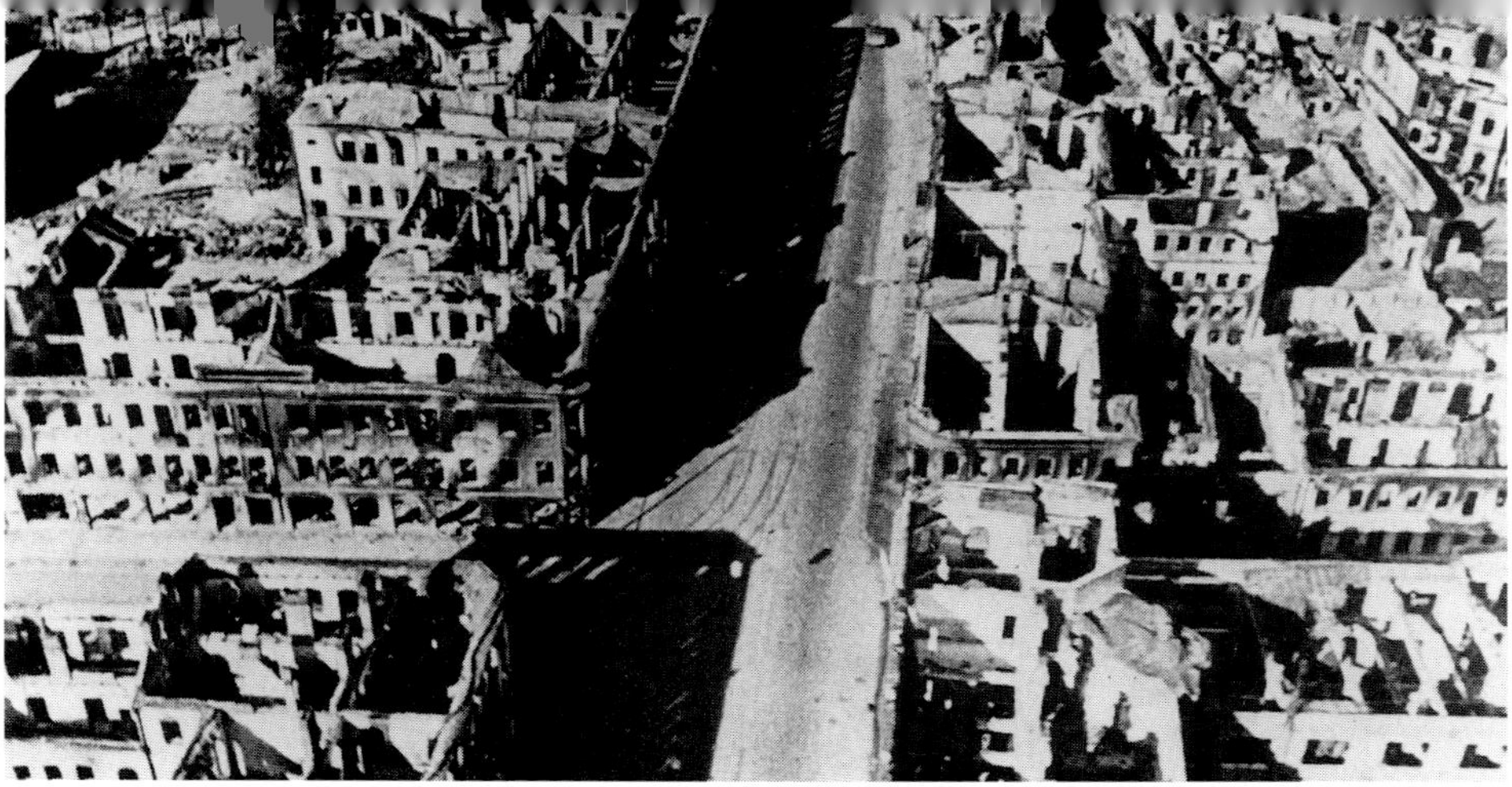

ドイツ軍は10日後にはミンスクに突入した。モスクワ西方670キロ。非常に古い都市で、14世紀初めにリトアニア領、17世紀からロシア領となった。写真は破壊されたミンスク。

ドイツ軍に投降したソ連兵。

六個師団のうち三〇個師団、航空機九〇〇機が集中的に配属されている。

◎北部軍集団。東プロイセンから発して、主目標をレニングラードにおいた。九個機甲師団、二五個歩兵師団。航空機六〇〇機。

◎南部軍集団。ポーランド南部、ハンガリー、ルーマニアなどから進撃を始め、ウクライナ地方をめざし、首都キエフの占領を大きな目標とした。六個機甲師団、二一個歩兵師団、航空機四三〇機。

　どの部隊の正面にも障害となるような山はない。耕地と平原の間に何本かの大河がゆったりと流れている。モスクワをめざす部隊の前には、日本の面積の三分の二ほどにあたるプリペット沼沢地（ポレーシエ沼沢地）が横たわっている。湖は多いが不毛の地ではない。三分の一は森林、四分の一は草原で、農業・畜産のほか、石炭や鉄鉱石の産地でもある。しかし、戦車部隊の進撃には少々不向きであった。中央軍集団は沼沢地の北側を通ってモスクワをめざし、南部軍集団はその南側を通ってウクライナをめざした。

　これに対して、ソ連軍はどの戦線でもあっという間に敗退してしまった。戦車や飛行機の数、兵力の人員もドイツ軍に優るとも劣らぬ部隊を国境の背後に集中していたにもかかわらず、開戦一〇日間で三〇〇〇機の飛行機を失うなどソ連軍はほとんど一方的にやられ、敗走に次ぐ敗走を重ねた。

　進撃速度が最も速かったのが、機甲師団をたっぷり配属されていたモスクワをめざす中央軍集団で、七月二日ミンスク、七月一六日スモレンスクに突入、八月一日占領した。スモレンスクはモスクワまで約三〇〇キロあまりである。ミンスクもスモレンスクもかつて（一八一二年）モスクワをめざすナポレオン軍が通過し、破壊した街だ。

　ミンスクのソ連軍はドイツ軍に包囲されて一五万人が捕虜となり、一二〇〇両の戦車と六〇〇門の大砲を失った。しかし、スモレンスクを占領した部隊にモスクワ突入の命令は出なかった。レニングラードやキエフを目指した部隊がまだ攻撃の途上にあったからだ。

破壊されつつあるキエフ。

ドイツ軍のソ連侵攻・バルバロッサ作戦　1941年6月

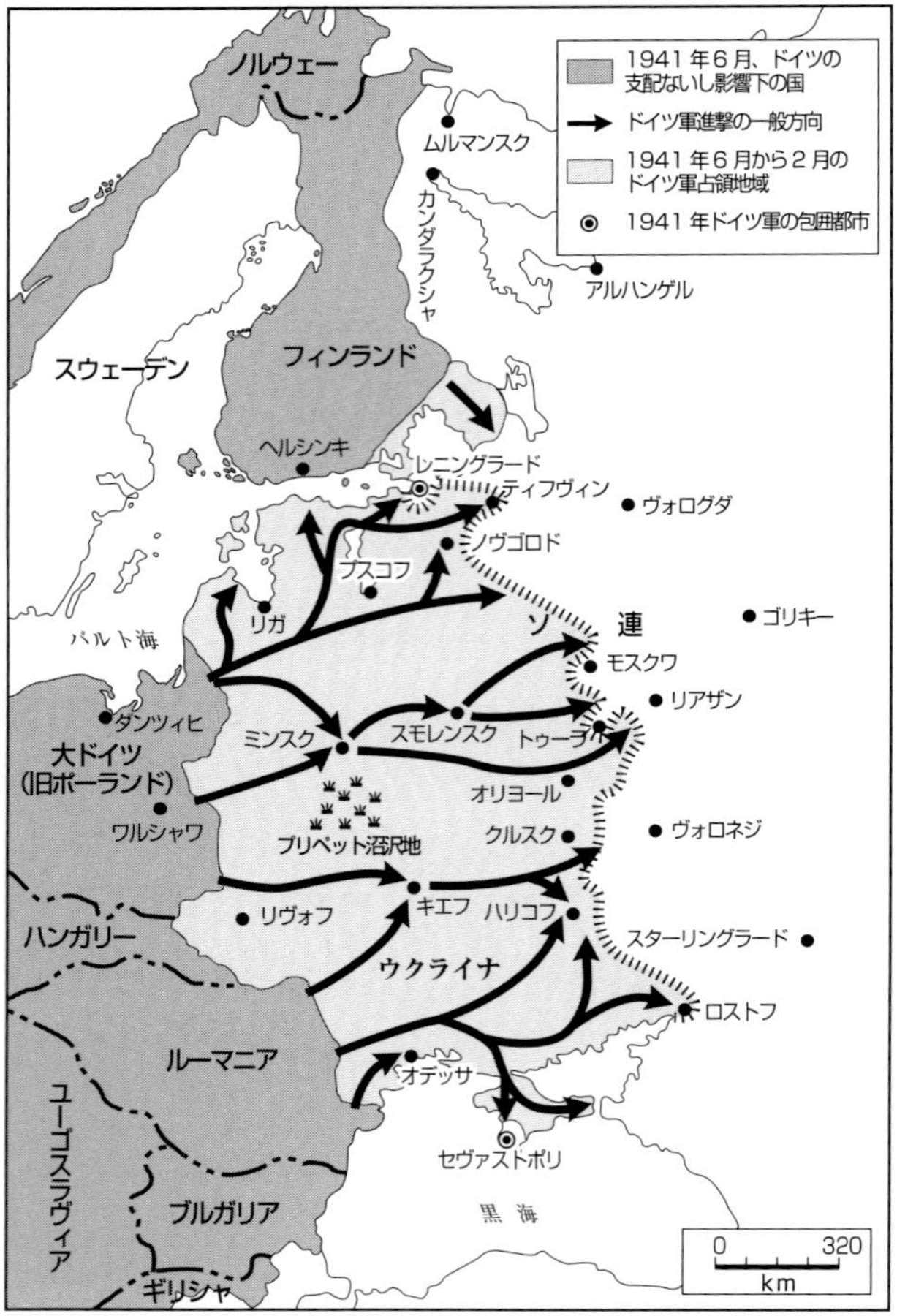

そこでヒトラーは重大な方向転換を決意をした。北部軍はレニングラードをめざすとしても、中央軍の機甲部隊主力をウクライナ共和国のキエフ攻略に振り向けるように命令したのである。

モスクワ直前まで先頭で機甲部隊を引っ張ってきたグデーリアン将軍をはじめ軍首脳は、このままモスクワへ進撃することを強く進言した。しかし、絶対権力者ヒトラーの決意をひるがえさせることはできない相談だった。

ヒトラーにとっては首都というだけのモスクワよりも、穀倉地帯であり、工業地帯（キエフ付近にドネッツ工業地帯がある）であるウクライナのほうが魅力的だったのである。モスクワはそれから攻めても遅くない。

こうしてモスクワ正面からグデーリアン将軍指揮の大規模な機甲師団はウクライナ攻撃に向かった。キエフはモスクワの南西約八五〇キロ、スモレンスクから五〇〇キロ以上離れている。残された歩兵師団は彼らが帰って来るまで待つことになった。

キエフ陥落とヒトラーの戦争目的

キエフはウクライナ共和国の首都であり、ドニエプル川中流沿岸にある。「ロシア諸都市の母」と呼ばれるように、九世紀ごろから栄えてきた古い都市で、ドイツ軍の侵攻当時す

右・隊列を組んで復旧現場に赴くレニングラードの労働者。ヒトラーは、突入せずに包囲して街がからっぽになるのを待つ作戦をとりながら、ロシア人は自己放棄に等しい明け渡しには応じないだろうと、語っていたという。
下・砲撃を受けるレニングラード。ヒトラーは帝政時代のペテルブルグとしか呼ばなかったそうだ。

結氷したラドガ湖を、包囲されたレニングラードに補給品を運ぶトラック部隊。ほとんど唯一の補給ルートだった。

でに人口は一五〇万を超えていた。

そのキエフをドイツ軍が包囲したのは九月二日である。ソ連軍も三五個師団（約七〇万人）で応戦したが、九月中旬までに戦闘は終わった。ドイツ軍は捕虜六六万人、捕獲した戦車は約九〇〇両、大砲は約三七〇〇門と宣伝した。もっともソ連側は悔しまぎれに捕虜は五五万人と言い返したそうだ。

ソ連の降伏は時間の問題と信じたヒトラーは、キエフでの戦いがたけなわのころ、軍やナチス幹部を前にして占領後のロシアについて「将来計画」を語っていた。

ロシア人をウラル山脈の東側に追い払い、ドイツ人を中心として、ノルウェー人、スウエーデン人、デンマーク人、オランダ人を占領地に移し、大農業地帯をつくる。ドイツ人移民のために「三〇キロから四〇キロの環状地帯をつくり、そこに美しい農村を建設して、最上級の道路によって結びつけ」、「ロシア人たちは、ドイツ移民とまったく別の世界に住まわせ、なんの文明施設も与えずに放置すればよい。ただ彼らはドイツ人に無条件に服従しなければならない。もし、彼らが革命を起こすようなことがあれば、その町々に対して、二、三発の爆弾を射ちこんで、町もろともに全滅させてしまうべきだ」（引用は村瀬興雄著『ナチズム』）。

ヒトラーはソ連国民のなかのウクライナ人

モスクワの周囲には機甲部隊の前進を阻む障害物が敷かれた。

ラスプティッツア（ぬかるみ）に立ち往生するドイツ機甲部隊。

ソ連軍のスキー部隊。

降伏するドイツ軍。冬の到来とともに前線でもこういうシーンが見られるようになった。

や白ロシア人の一定数の絶滅と追放、それ以外のソ連人（大ロシア人）は三分の一を絶滅させ、三分の一を追放することを基本としていた。このように、ヒトラー・ドイツのソ連に対する戦争は、領土や資源の獲得が最終目的ではなかった。対ユダヤ人のようにすべてを絶滅させるという方針こそなかったが、ポーランド人と同様にロシア人の大部分を抹殺し、生かした者を奴隷にしようというものだった。こうした方針に従って、開戦早々の占領地区は、捕虜やソ連国民に対する凄惨な強制労働・リンチ・虐殺・追放が始まっていた。

なぜソ連軍は弱かったのか

それにしてもソ連軍はどうしてこんなにも弱かったのだろうか。

じつを言うと、ソ連軍のT34型戦車はドイツ軍のものより大型で七七ミリ砲を装備していた。それはドイツ軍の主力である4号戦車の七五ミリ砲より威力があり、装甲も厚かった。わずか二ミリの差ではあっても、戦場では格段の違いがうまれる。

当時、ソ連軍はそれほどの威力をもつT34戦車を少なくとも一二〇〇両以上、少し多めに推定すると二〇〇〇両ほどは配備できていたと思われる。だから、負けるにしてもこれほど一方的に敗北を重ねるにはそれなりの理由があるはずだった。

よく指摘されるのは、一九三六年から三八年にかけてスターリンが実施した大粛清こそソ連軍弱体化の原因だということである。この大粛清は共産党幹部から一般党員、軍人、市民にまで、処刑・強制収容所送りが少なく見積もっても三五〇万人、最大一二〇〇万人と推定されている。トップクラスの党幹部に対する粛清裁判は外国人記者も傍聴する公開裁判で実施された。これによって、スターリンは名実ともに絶対権力者の地位を確立する。

赤軍、すなわちソ連軍幹部に対する粛清は三七、八年に行われ、トハチェフスキー元帥を筆頭に高級将校八人が処刑されたのをはじめ、全部隊にわたって粛清の嵐が吹き荒れた。有能な軍幹部で生きのびた者は、ジューコフ元帥（当時は大将）などまことに少数だった。

そのうえ、粛清前にはドイツ軍にも劣らぬほどの機甲軍団を持っていたが、一九三九年にすべて解隊してしまった。「戦車は歩兵部隊に協力する兵器」という、戦車が開発されたごく初期の見方から抜け出せない、出来の悪い幹部しか生き残らなかった証拠、という評者が少なくない。

しかし、ドイツ軍がその機甲部隊を駆使して、ベルギー、オランダを席巻し、あっという間にフランスを占領するのを見て、腰をぬかした。戦車はああいうふうに使うものかとわかった。そこまではよかったが、戦車の生産能力を無視した無茶苦茶なやりかたで、年間一〇〇〇両しか生産できないT34戦車を一万二六〇〇両も必要とするような大軍団（二九個軍団。各軍団に二個戦車師団）を一年あまりで一気に編成しようとした。

ドイツ軍がソ連侵攻を始めたとき二五個軍団まで完成配備されていたが、T34戦車は各軍団に総花的に配分され、不足分は旧式戦車を数だけそろえた見かけだけの機甲軍団だったわけである。案の定、ソ連軍はかつてのフランスのようにドイツ電撃戦のまえに蹴散らされてしまった。

レニングラードとモスクワの危機

ドイツ北部軍集団はバルト三国を占領しつつ、九月初め、レニングラード郊外に達した。しかし、ヒトラーはレニングラード突入を禁止した。周囲を包囲して砲撃を繰り返し、糧道を絶つ作戦をとった。そしてほんの少し抜け道を開けておき、軍や市民が逃げ出すのを待とうというわけだった。以後、ドイツ軍は九〇〇日（約二年半）にわたって包囲をつづけた。

北方からは、一年半まえにソ連軍に侵略され領土を割譲させられたフィンランドがドイ

パルチザンの一翼を担ったコサック兵。

ロストフを攻撃するドイツ軍。ロストフはドン川下流アゾフ海(黒海の内海)沿岸にある大都市でコーカサスへの入り口にあたる。モスクワ攻撃と並行して進められた南部軍集団の攻撃はウクライナ地方の要衝を次々に攻略した。オデッサ、セヴァストポリ(クリミヤ半島)、ハリコフなどを占領し、最後の要衝ロストフ占領は11月21日だった。しかし、ソ連軍に包囲されそうになって一週間後に退却した。退却命令を出した南部軍集団司令官ルントシュテット元帥はその5日後に解任された。

ツにつき、失地回復を目指して進撃した。しかし、彼らは以前の国境線で停止し、ソ連領内には入らなかった。

　モスクワに対する進撃は、スモレンスクを基点として一〇月二日に開始された。戦車一〇〇〇両、大砲三〇〇〇門、歩兵五〇個師団(約一〇〇万人)は、約三〇〇キロ東のモスクワを南北と西から包囲するように進んだ。

　ソ連はまたまた敗北した。一〇月といえばもう晩秋であり、やがて到来する冬の恐ろしさを知っているソ連は、まさかドイツ軍がこの季節に攻撃をしかけるとは思わなかったのである。三〇〇キロの近くから敵の大軍に虎視眈々と狙われている状態であったにもかかわらず、ソ連軍は不意をつかれた。

　ソ連軍は油断していた。そうでも思わなければ、ビアジマ(モスクワの西一五〇キロ)やブリャンスク(モスクワ南西三四〇キロ)の戦線で六六万三〇〇〇人もの大量の捕虜(と捕獲された戦車一二〇〇両・大砲五〇〇〇門)を出すはずがない。

　一〇月一九日、シベリア地区から呼び戻されモスクワ防衛軍の司令官(西部方面軍)となっていたジューコフ大将は、モスクワが南北と西側から包囲されたと宣言した。すでにドイツ軍先遣部隊はソ連郊外の六〇キロ付近まで迫っていた。モスクワの外交団と政府機関は九〇〇キロ東のヴォルガ川上流にあたるク

「砂漠の狐」ロンメル将軍の登場と北アフリカ戦線

東部戦線（ドイツとソ連の戦い）からはるかに離れた北アフリカでも、1941年４月から砂漠の戦車戦がくりひろげられていた。前年、イタリア軍は英軍に散々追いかけられてトリポリまで後退した。ヒトラーはロンメル中将を指揮官とする１個機甲師団（戦車320両）を派遣、キレナイカ地方（リビアのエジプトと接している一帯）の奪還を命じた。

ロンメルの目標はキレナイカ地方の最大の要衝トブルクの奪還である。かつてイタリア軍が築いた堅固な要塞があり、大きな港がある。奪還できれば、はるか西のトリポリの代わりに、イタリアから直接補給を受けることができるのだ。キレナイカの防衛は確実となり、ここを拠点として陸路からでも海路からでもスエズまで進撃ができる。

ロンメルは得意の機動力を駆使してエル・アゲイラの英第８軍を攻撃、４月10日、トブルクを包囲した。要塞にはオーストラリア軍の歩兵４個旅団のほか砲兵２個連隊、生き残りの英軍機甲部隊が閉じこもり、頑強に抵抗した。1941年中の北アフリカ戦線は、包囲を解こうとする英軍に対して、ロンメル軍が少ない兵力で巧妙に立ち回り、３回にわたって撃退した。その戦術が際だって優れていたため、ロンメルは砂漠の狐などと呼ばれるようになる。

しかし、勝ちに乗じたロンメル軍は11月、エジプト領内に深く侵入して墓穴を掘った。補給が伸びきったところを戦力を数倍に補強した英軍に逆襲された。ロンメルはトブルク包囲をあきらめ、12月末エル・アゲイラまで退却した。ちょうど東部戦線でドイツ軍が退却をつづけていたころと時期的に一致する。トブルクは８カ月（242日）ぶりにドイツ軍の包囲から解放された。

リビア戦線のロンメル将軍。

キレナイカの砂漠地帯を進撃するドイツ機甲部隊。

機関銃を肩に砂漠を進むドイツ兵。

イビシェフに避難を始めていた。

ヒトラーはモスクワ防衛軍が降伏を申し込んでも受けてはならないと厳命した。爆撃と飢えに耐えられなくなって、モスクワ市民が逃げ出したあとの、からっぽのモスクワに入城する手はずを整えていた。そのとき、クレムリンは爆破される予定だった。

一〇月六日に初雪が降ったが、一〇日ごろから雨になった。雨はいつ止むともしれず降りつづいた。本格的な冬が訪れる前にかならず訪れる秋雨である。モスクワを包囲したころから、ドイツ軍の進撃がピタリと止まった。雨にぬかるんだ泥道のせいだった。

ラスプティッツア（泥濘）という特別な言葉が

米英はソ連援助を決めた

1941年８月12日、米英共同宣言（大西洋憲章）をまとめたルーズヴェルト米大統領（左）とチャーチル英首相。ソ連も９月24日に同憲章に参加。これを受けて10月２日、米英はソ連に対し、向こう９カ月の間に飛行機3000機、戦車4000両、トラック３万両、燃料10万トンの援助を約束した。もともと、チャーチル首相はドイツのソ連侵攻が始まった翌日には、放送を通じてソ連援助を表明していた。自他ともに認める反共主義者チャーチルは「これは階級の戦争ではない」と言い切り、次のように述べている。「ナチ世界に対して戦うものは、いかなる人物、いかなる国家を問わず、われわれの援助を受けるでありましょう。ヒトラーとともに歩むものは、いかなる人物、いかなる国家であると問わず、われわれの敵であります。……この主旨に基づき、われわれはできる限りの援助をロシアとロシア国民に与えるでありましょう」（『第二次世界大戦』佐藤亮一訳）。

モスクワを訪問したルーズヴェルト米大統領の特使ホプキンス（左）とスターリン首相。ホプキンスはソ連援助の意向を伝えた。1941年７月。

あるぐらい、そのぬかるみは尋常なものではなかった。ドイツ軍が知らないわけではなかったが、やはり想像以上のものだった。泥にはまりこんだ戦車と自動車は動けなくなった。補給のトラック部隊も時速三キロまでしかでなくなった。五〇〇〇台のトラックが広大な前線のぬかるみに立ち往生した。

ドイツ軍は冬服を支給していなかったので、寒さと想像を絶する湿気が将兵を襲った。補給部隊の停滞で食糧が不足しはじめた。ドイツ軍は町や村を襲って食糧を求めたが、退却するソ連軍によっていずこも驚くほど徹底的に破壊されていた。家畜も殺され、食糧も運び去られていた。

加えて、モスクワ包囲軍の後方でドイツ軍に対してパルチザンが攻撃しはじめた。ドイツ軍はパルチザンを捕らえると、拷問し、串刺しにして処刑したが、戦って追い払うしか生き延びられないロシア人が、攻撃を止めるわけがなかった。パルチザンによる後方攪乱は、ドイツ軍を想像以上に疲弊させ、志気を低下させた。そんな状況が約一カ月つづいた。

極寒に救われたモスクワ

一一月一五日、ドイツ軍はモスクワ進撃を再開した。ようやく本格的な冬が訪れて、ラスプティッツア（泥濘）が凍りつき、戦車も自動車も動けるようになったからである。だが、それも再開して数日間だった。

二〇日ごろから猛烈な吹雪となり、気温が急激に下がり始めた。ドイツの冬も寒いがモスクワの冬はけたはずれだった。夜間は零下四〇度まで冷え込んだ。昼間でも暖かい日で零下三〇度ほどだった。

極寒が自動車や戦車のエンジンをかかりにくくした。ラジエーターは凍りつき、それを防ぐグリセリンはまったく用意されていなかった。バターは大理石のように、パンは斧でないと割れないほどに凍りついた。傷口を覆う包帯は木の皮となり、小便も出したとたんにつららとなり、大便のために尻を外気にさらすと肛門が凍傷となった。

一二月六日、グデーリアン将軍はモスクワの南約二〇〇キロのヤースナヤ・ポリャーナ村の最前線にいた。そこは知る人ぞ知る村である。ナポレオン軍のモスクワ攻撃を題材にとり『戦争と平和』を書いたトルストイの生家があり、現在ではトルストイ博物館もある。その日は珍しく晴れ上がっていたが、零下五〇度という厳しい寒波に襲われていた。

戦車部隊はそこから二〇キロほど北のトゥーラという拠点を攻撃することになっていたが、グデーリアンは撤退命令を発した。彼は二週間ほど前から撤退を進言していたが、まったく受け付けられなかった。しかし、ついに独断で撤退命令を出したのである。

戦車も大砲も自動車もそのままにして徒歩で後退するしかなかった。

「同じ瞬間、各装甲部隊の司令官のあいだに、まるでテレパシーでも存在するかのように、ヘプナー（北方からモスクワを攻撃する部隊の指揮官。モスクワまで四〇キロのクリスナヤ・ポリャーナまで進んでいた）も攻撃を中止し、部隊を後退させることに決めた。ドイツ軍が回れ右をしたのだ！」（レイモン・カルチェ著『全史第二次世界大戦実録』）。

折しもその日、ソ連軍のモスクワ正面における大反攻作戦が開始された。そして、二日後（一九四一年一二月八日）に日本は、ドイツの勝利を信じかつ願望して、真珠湾を奇襲し、米英に宣戦したのである。

そのとき日本は……

日中戦争は満４年目を迎えた。４月から始められていた日米国交調整交渉は、松岡外相の強引な軌道修正で振り出しにもどった。陸軍は、独ソ戦がソ連の降伏によるドイツの勝利に終わることを見込みソ連攻略を決意し、満州に続々と部隊を輸送した。しかし、ソ連極東軍の勢力が減らされなかったこともあって、対ソ戦を断念（８月）。一方では、７月末、サイゴン（現ホーチミン）を中心とする南部仏印（フランス領インドシナ）へ部隊を進駐させ、威圧をもって蘭印(オランダ領東インド。現インドネシア)を屈服させ、石油輸入量を増やそうとした。アメリカはこれに対して、在米資産の凍結と石油の輸出禁止をもって報い、英蘭もそれにならった。近衛内閣が総辞職し東条英機内閣が誕生（10月）、形だけの日米交渉はつづけられたが、強硬なハルノートを突きつけられるに及んで（11月26日）、12月１日の御前会議は対米英開戦を決定した。

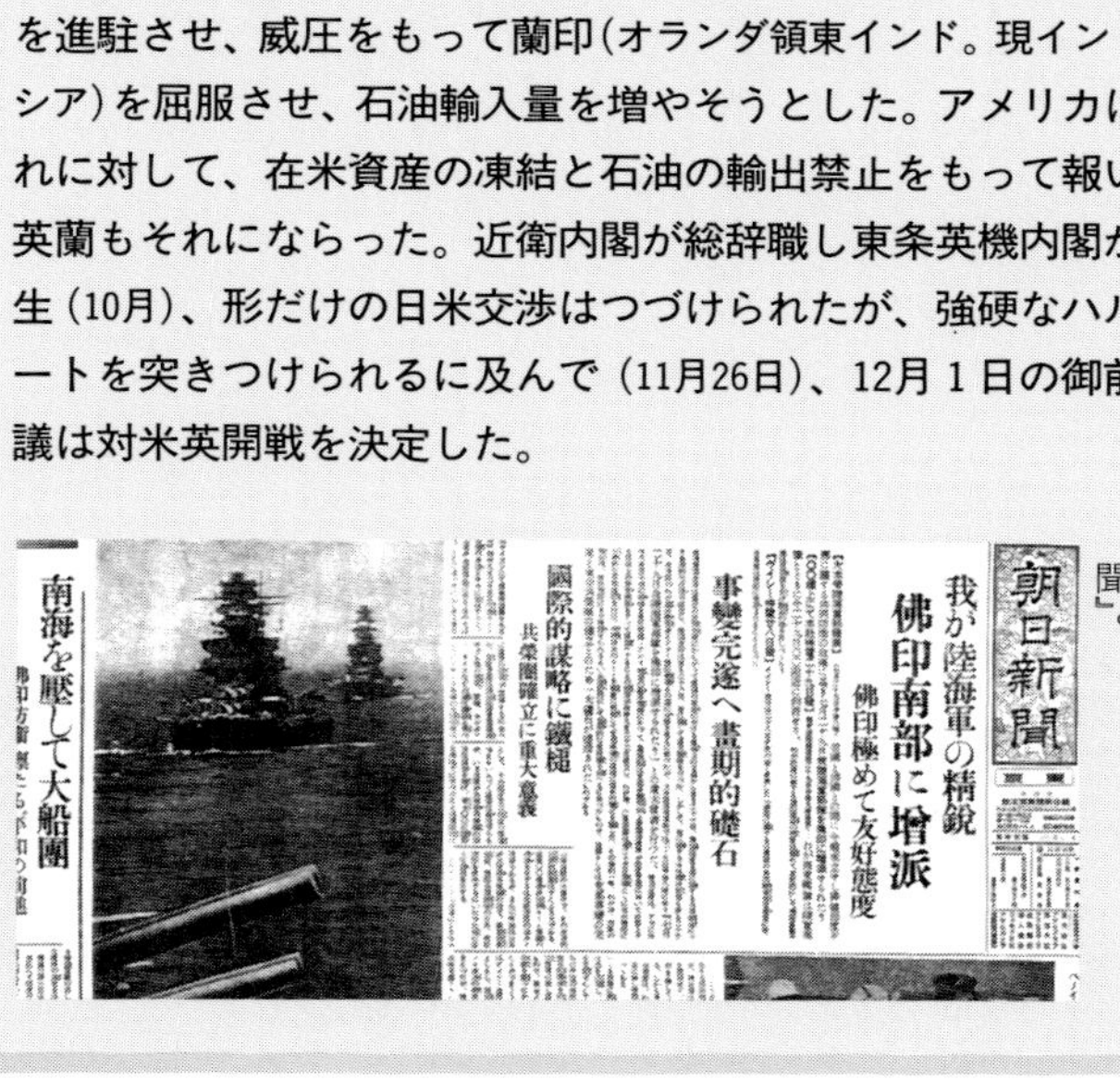

南部仏印への進駐を報じる1941年7月30日付『朝日新聞』。

第5章

日本、米英に宣戦布告

中国支援の米英が対日経済封鎖、石油と資源を求めて真珠湾奇襲と南方攻略開始

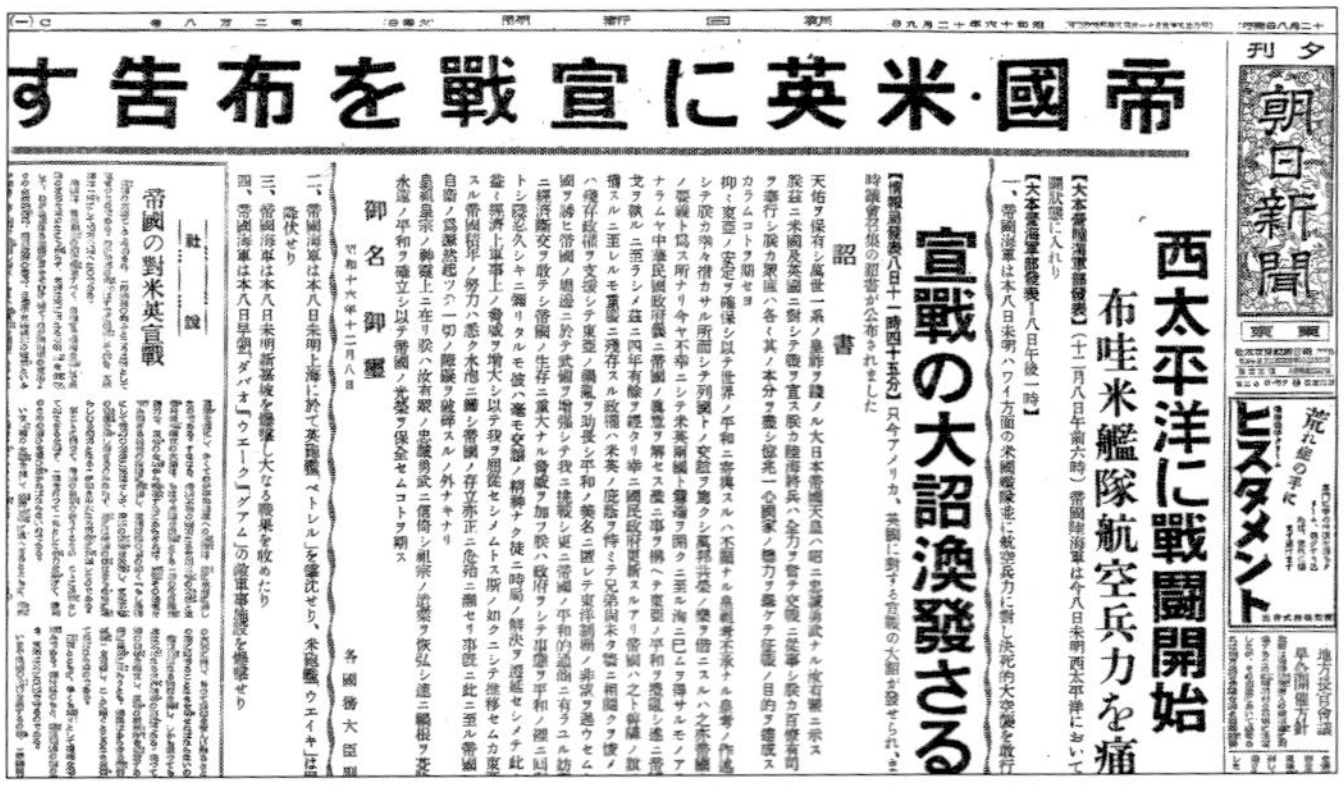
夕刊
朝日新聞
帝國・米英に宣戰を布告す
西太平洋に戰鬪開始
布哇米艦隊航空兵力を痛
宣戰の大詔渙發さる
詔書
御名御璽
社説
帝國の對米英宣戰
ヒスタメント

1941年12月９日付『朝日新聞』夕刊（８日発行）。まだこの時は布哇（ハワイ）真珠湾奇襲の詳報は発表されていない。

一二月八日、ハワイ真珠湾を奇襲

一九四一年一二月八日、日本海軍の航空部隊（三五三機）が真珠湾を襲い、米太平洋艦隊の戦艦群を攻撃した。攻撃開始はハワイでは七日日曜日の午前七時五五分で、米艦隊にとってはまったくの不意打ちだった。在泊八隻の戦艦のうち四隻が沈み、三隻が航行不能となった。同時に周辺の飛行場にとまっていた飛行機二三一機を破壊した。この奇襲で、米軍は二四〇〇人の戦死者を出した。海軍は、三隻はいるはずの空母の姿が見当たらず、撃ちもらしたことを悔しがった。

日本とハワイは五五〇〇キロ離れている。まっすぐ太平洋を東に進んでは発見される。そこで、六隻の大型航空母艦で編成された機動部隊（第一航空艦隊　南雲忠一中将指揮）は、択捉《えとろふ》島単冠《ひとかっぷ》湾にひそかに集結したあと、商船もほとんど航行しない荒波の北太平洋を東に進み、それから南下してハワイ・オアフ島の北方四二〇キロの地点から航空機を発進させたのだ。

爆撃機が軍艦を攻撃して撃沈するという戦法は、このとき日本海軍が初めて採用したことだった。それまでは空から爆弾や魚雷を落として軍艦に命中させることはできないと考えられていたのである。

真珠湾の米戦艦は停泊中だったので成功したのだと、日本海軍の中にさえ割り引いて考える者もいた。しかしそれも、二日後の一二月一〇日、マレー半島東沖でシンガポールを基地とするイギリス東洋艦隊の戦艦二隻を、やはり海軍航空隊が撃沈したことによって、軍艦は航空攻撃に対して非常に弱いものであるということが実証された。

真珠湾奇襲の五五分後に、野村吉三郎駐米日本大使からコーデル・ハル国務長官に国交断絶を意味する最後通牒が手渡された。日本としては奇襲三〇分前に手渡すことになっていたが、タイプに手間取って、奇襲後の手交となってしまった。アメリカ政府は、日本外務省から在米日本大使館に送られた暗号を事前に解読し、開戦の意図をすでに知っていたが、真珠湾奇襲までは予想していなかった。

真珠湾奇襲と並行して、マレー半島への上

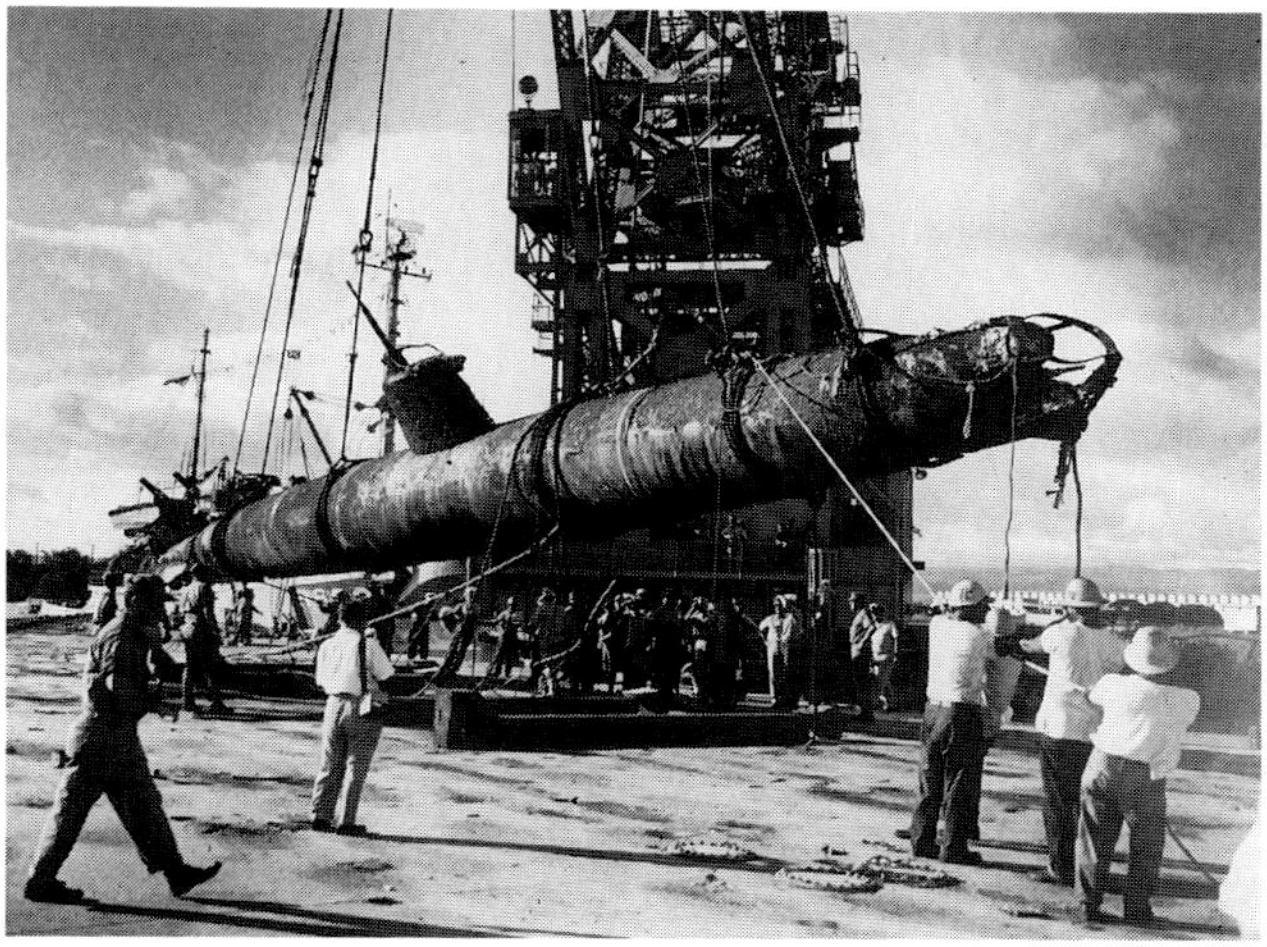

上・燃え上がる真珠湾。右の黒煙が戦艦「アリゾナ」。戦後沈没したままモニュメントにされた。
右・真珠湾奇襲に出撃した二人乗り特殊潜航艇。5隻真珠湾に向かったが、戦果不明、9名戦死、1名捕虜となった。

陸作戦が始まっており、南方作戦も一斉に始められていた。

八日午前、米英に対する宣戦の詔書が発せられた。やがて日本は、米英との戦争をそれまでの「支那事変をふくめて大東亜戦争と呼ぶ」ことに決めた。支那事変というのはいわゆる日中戦争のことである。

最後通牒なき攻撃は、アメリカ国民には許しがたい卑怯な騙し打ちと映った。参戦反対の孤立主義にとじこもっていた国民のあいだに、「リメンバー・パールハーバー（真珠湾を忘れるな）」の大合唱が起こった。アメリカ政府はほっとした。ある時期から「われわれ自身が過大な危険にさらされないで、最初の一弾をうたせるような立場に、日本をいかにして誘導していくか」（『スチムソン日記』スチムソンは米陸軍長官）に、政府も軍部も腐心していたからである。ハル・ノート（一九四一年一一月二七日）はそのもっとも強烈な「誘導の困難な仕事の工具」（スチムソン）であった。アメリカはようやく日本とドイツに宣戦するチャンスをつかんだ。

ハルは米国務長官で、ハル・ノートは中国・インドシナからの軍隊の撤退と中国における蔣介石政権以外の政府の否認を端的に求め、これに同意するなら日米交渉を継続しようと提案したのである。アメリカが先手をとって日本に最後通牒を突きつけたと、当時の東郷茂徳外相は観念し、天を仰いだ。対米英開戦はこの四日後（一二月一日）の御前会議で決定された。

太平洋戦争はヨーロッパ戦線と連動した。第二次世界大戦は大西洋、地中海、ヨーロッパ大陸、北アフリカにつづいて、中国大陸、東南アジア、太平洋が新たな戦場となった。

日中戦争の行き詰まりと対日禁輸

蘆溝橋事件（一九三七年七月七日）を発端として続々と中国大陸に兵力を投入、北京・上海・南京・広州・武漢三鎮（武昌、漢口、漢陽の総称。現在の武漢市）など主要都市を占領したものの、日本はついに中国政府（蔣介石政権）を屈服させることはできなかった。

日本は中国の徹底抗戦の意欲とそれを支援する米英勢力に対抗するため、日独伊三国同盟を結んだ。しかしそれは、米英の結束をますます固め、対中援助を強化することにしか役立たなかった。その政治的信念にしたがい三国同盟を締結した松岡洋右（第二次近衛内閣の外相）は、日米開戦の報を聞き、自分の見込み違いを悔やみ、はらはらと涙を流した。

国内の戦争準備とヨーロッパ戦線への援助に忙しかったアメリカは、日本に対する経済的締め付けを徐々に行いながらも、石油の輸出だけはストップしなかった。アメリカの戦争準備が整わないうちに戦争に訴えられたらかなわない。当時の石油の最も大きな消費者は軍であり、とりわけ海軍の比重が圧倒的に大きかった。石油の対日輸出を止めれば、日本はすべてが干上がることをアメリカはよく知っていた。実際、需要の七割以上をアメリカから輸入していたのである。あとは蘭印（オランダ領東インド）からである。

日本軍が南部仏印（フランス領インドシナ）に進駐した直後、アメリカは日本への石油輸出を禁止した（一九四一年八月）。蘭印もこれにならう。

海軍首脳はそれまでアメリカとの戦争は避けたいと考えていた。連合艦隊司令長官の山本五十六大将はその急先鋒だった。一年ほどは暴れられるが、長期戦になったら必ず負けると首相（近衛文麿）に断言していたほどだ。

こうした考えにおおむね同調していた海軍首脳も、いざ石油が輸入できなくなる事態に直面すると、戦争をやるならまだ石油のストックのあるうちにやってもらいたいと主張するようになった。アメリカを軍事的に屈服させることは出来ない相談ながら（これは陸軍首脳も同じだった）、石油が豊富にある蘭印を占領し、付近の米英勢力を追放することができれば、日本は生き延びられるのではないかと考えた。いわゆる自存自衛論である。

日中戦争に自ら幕を引き、中国から撤兵することは、アングロサクソン（米英）に対する屈従であると考えられた。中国から撤兵して米英との協調路線をとることは、中国の日本一国支配を放棄することを意味していたからだ。日本はどうしても中国を日本だけで支配したかったのである。

日本が中国に対して独占的・排他的に勢力を扶植するというこのような姿勢は、第一次大戦中の「対華二一カ条の要求」以来のものである。戦後、アメリカはワシントン会議を召集して日本・中国・米・英をふくむ九カ国条約を結び（一九二二年）、中国の主権と独立を尊重し、各国の中国に対する門戸開放・機会均等を規定した。いわゆるワシントン体制の根幹をなす条約だが、日本は満州事変（一九三一年）につづく満州国建設（三二年）で、このワシントン体制に公然と挑戦し、米英協調路線を放棄した。

それから一〇年目に日米対立は戦争にまで発展した。双方譲らなかったし、中国は賢明にも米英の協力をとりつけていたから、日本は進退きわまっていた。日本は自分の侵略行為を棚に上げて、米英を非難し、米英の支援を受けて抗戦する中国を非難していた。

聖戦の名のもとに

日中戦争は聖戦（天皇の命令に基づいて行っている正義の戦争）の名のもとに遂行されていたから、批判の声は封じられた。批判や停戦、休戦を言うことは、天皇にそむくことであって、それは「非国民」なのだった。日本はアメリカやイギリスと違って、公然と意見を交わし、世論を形成し、それにしたがって政治を行うという国家ではなかった。

それでも海軍の最高首脳の間で、アメリカが要求しているように中国から撤兵して、米英と協調路線をとって国家が生きる道を模索すべきであるという議論が開戦二カ月前に煮詰まろうとした瞬間があった。

しかしそれには、撤兵など論外とする陸軍との大喧嘩（内乱）を覚悟することでもあり、海軍にはそこまでの決意はなかった。中国からの撤兵は満州国を動揺させ、ひいては朝鮮統治を危うくする、それは明治維新直後の日本に逆戻りすることである、それでもいいのかという陸軍の主張を論破するだけの経綸（ビジョン、青写真）を持っていなかった。

この論法を強力に展開したのが一九四〇年七月以来の陸軍大臣・東条英機中将である。東条のリーダーシップというより陸軍の総意であった。最後の段階で東条は首相を命じられるが、最後まで日本の譲歩（東条によれば屈従）に反対した。彼はヒトラーのような独裁者ではないから、閣僚は自由に意見を述べることはできたが、反駁し、矛盾をつき、別の考え方の正当性を、誰も主張しなかった。

天皇も、負けるかもしれない対米英戦争を避けたいとは思っていた。海軍の最高首脳・永野修身軍令部総長が天皇に対して「やると負けるかもしれない」と述べたことがある。天皇はびっくりしたが、あとで「海軍は捨て鉢の戦争をするつもりか」と側近につぶやいただけである。それでも自らは中国から撤兵せよとは命じなかった。日本は、政治権力の淵源は天皇にあるとしてはいたものの、政府や参謀本部（陸軍の作戦中枢機関）、あるいは軍令部（海軍の作戦中枢機関）の決定を、天皇自らの発意で覆さないという前提にたって運営されていたからだ。

天皇の命令には絶対服従だったが、天皇の命令はすべて政府や軍部が決定したものである。絶対権力者の恣意的な決定を防ぐ効果はあったが、決定事項に議会も新聞も放送も国民も異論を唱えられない仕組みになっていた。

日中戦争が始まってからは、その度合いがますます強められていた。いわゆる国家総動員法（一九三八年成立）は、戦争のためにあらゆる物資の生産計画をたてたり、物資の価格を統制したり、流通先を限定したりするだけでなく、戦争に疑問を出したり、反対を表明したりする意見も取り締まる法律だった。そういう意見につながりそうな自由主義思想そのものも取り締まりの対象となっていた。

石油を求めて南方攻略

アメリカとイギリスとの戦争を始めるにあたって、成算ありとする一つの前提があった。ヒトラー・ドイツがイギリスを屈服させ、ソ連を屈服させるか少なくとも引き分けに持ち込むはずだという前提である。それが情勢分析した上での確信だったのか、単なる願望だったのか、ちょっと微妙ではある。

それはともかく、そのとき、日独伊はイギリスと単独講和をすることなく「英をして米を誘導せしむる如く施策するに勉む」（一九四一年一一月一五日、大本営政府連絡会議決定の「対米英蘭蒋戦争終末促進に関する腹案」）とした。イギリスが屈服して和平に応じるときはアメリカも共に和平に応じさせるということである。

それにしても日本が石油のある蘭印（現インドネシア）を占領するには、その途中に展開している米英の軍隊を追いださなければならない。香港にイギリス軍がいた。フィリピンにアメリカ軍がいた。グアム島にもアメリカ軍がいる。マレー半島とシンガポールにイギリス軍がいた。そして蘭印にはオランダ軍がいる。いずれもその国々の植民地あるいは領土だからである。蘭印までの途上ではないが、ビルマにはイギリス軍がいた。そのビルマから中国への援助物資が送りこまれている。ビルマを占領してその援助ルートを遮断できなければ、中国の抗戦は止まないだろう……。

このすべての地域を日本は占領しようとした。それが南方作戦、南方攻略だった。南方軍という大きな軍団が編成され、サイゴン（現ホーチミン）に司令部をおいた。上陸部隊が輸送船に乗り、海軍の艦隊に守られながら、それぞれの地域に上陸して米英蘭豪軍と戦った。南方攻略は驚くほどの速さで進んだ。

一二月二四日・香港のイギリス軍が降伏、一九四二年一月二日・マニラ占領（フィリピンでの戦闘は五月までつづいたが）、二月一五日・シンガポール（とマレー半島）のイギリス軍降伏、三月七日・ビルマのラングーン（現ミャンマーのヤンゴン）を占領（ビルマ全土の占領は五月）、三月八日・蘭印のオランダ軍降伏というぐあいであった。

こんなにうまくいくとは日本も考えなかったが、米英にとってはもっと意外だった。日本軍がそれほど強いとは思っていなかった。

香港攻略

1941年12月8日〜12月25日。支那派遣軍の第23軍（酒井隆中将指揮）による。広州側からビクトリア湾・鯉魚門を舟艇で渡った。

上・日本陸海軍指揮官とその幕僚が香港に入った。
右・日本軍の砲撃で破壊された香港。

日本海軍は開戦の前年に戦闘機「零戦」を実用化していた。アメリカの戦闘機はほとんどかなわなかった。一年以上も前から中国の戦場を制圧していたから、アメリカも当然知っていたと思いがちだが、そうではない。零戦に関する（中国軍の米人顧問による）正確な報告は一笑に付され、日本がそんな優秀な戦闘機を開発できるわけがないとまったく問題にされなかったのである。

戦争が始まって半年以上たってから、アメリカは零戦一機に二機で立ち向かう戦術を考え出し、多少は戦果をあげるようになったが、基本的にはグラマンF6Fヘルキャットの出現までは零戦優位がつづいたのである。大型空母も開戦時、太平洋戦域に関するかぎりアメリカの二倍、六隻を保有していた。

太平洋地域の米英軍が極端に弱かったわけではないが、海軍による制空権・制海権の確保が確立すると、いったん上陸した陸軍はしゃにむに突進する敢闘精神で、地上部隊を圧倒した。死を恐れず、戦死を名誉と考えるのはどこの国の軍隊でも共通しているが、日本軍の場合はそれが極端だった。日本軍は捕虜になることを禁じていたし、その生命は鳥の羽のように軽いという自覚のもとで戦った。戦死して靖国神社に祀られ、悠久の大義に生

クアラルンプールを占領、残敵掃討中の日本軍。

マレー・シンガポール攻略

1941年12月8日〜42年2月15日。南方軍の第25軍（山下奉文中将指揮）による。マレーのコタバル、タイのパタニー、シンゴラから上陸し、東西の海岸線を南下し、ジョホーバル水道を渡ってシンガポールを攻略した。

投降。マレーにはイギリス軍のほかオーストラリア軍がおり、イギリス軍の兵隊の多くはインド兵だった。

マレー半島を行く戦車部隊。

きる喜びがあってこそ、優秀な天皇の兵士だったのだ。「靖国で会おう」と言い交わして、平然と地獄のような戦場に身を投じた。

こうして日本は蘭印の石油を期待どおりに手に入れた。

転機、ミッドウェー海戦の敗北

緒戦で目的とした南方地域をすべて占領したのだから、今度は占領地域をしっかり防衛する方策をたてたかというと、そうではなかった。防衛という考え方が軍人、ことに海軍軍人では素人や陸軍軍人とは少し違っていた。

左・シンガポールに入った日本軍部隊。
下・インド国民軍司令官モハンシン大尉と「藤原機関」藤原岩市少佐の握手。マレー・シンガポール作戦ではイギリス軍からインド兵を分離させる工作が並行して進められ、約5万の兵力を組織した。この軍隊はのちにチャンドラ・ボース（インド独立運動家）に統率され、インパール作戦（ビルマからインド領英軍基地インパールの攻略作戦。失敗）に参加した。

砲撃で身内を殺された肉親の悲嘆。シンガポール。

オーストラリア軍がいたニューブリテン島ラバウルの占領（一九四二年一月）にそれがよく表れている。ここを占領したのは、トラック諸島の連合艦隊根拠地を防衛するための航空機前進基地とするためだった。

ところが、そのラバウルがポートモレスビー（ニューギニア東部の南岸、オーストラリアと向き合っている）から飛来する米豪軍の爆撃機で空襲されるようになると、嫌がる陸軍を説き伏せてそのポートモレスビーも占領しようとすることになった。ニューギニアの北岸に上陸してスタンレー山脈を越えて進軍するのはむずかしいから、輸送船に陸軍部隊を乗せて上陸させようとした（MO作戦）。

しかし、これは失敗した。アメリカ軍も空母をくりだし、輸送船の護衛艦隊を攻撃し、軽空母一隻（「祥鳳」）を沈めた。輸送船はUターンした。日本海軍もそのことを予想して空母部隊を進出させていたから、海戦となった。相手の軍艦を見ながらの砲撃戦ではない。互いに遠く離れた母艦から発進した航空隊がそれぞれ敵の空母を攻撃した。日本は「レキシントン」を沈め、「ヨークタウン」に航行不能になるまでダメージを与えた。アメリカは「翔鶴」に中程度の被害を与えただけだった（珊瑚海海戦　一九四二年五月七日）。世界初の空母対空母による海戦といわれる。海戦は日本が勝ったが、目的としたMO作戦は挫折した。

フィリピン攻略

1941年12月22日～5月上旬。南方軍の第14軍（本間雅晴中将指揮）による。マニラは1942年1月2日占領したが、米比軍（マッカーサー大将指揮）はバターン半島、コレヒドール島へたてこもり、攻撃する日本軍と激戦を展開。その間にマッカーサーは少数の幕僚と共にオーストラリアへ脱出した。

マニラ市街をいく本間軍司令官の一行。アメリカはマニラの無防備都市を宣言、市街での戦闘はなかった。

コレヒドール島の米比軍投降。フィリピンの攻略がこれで一段落した。しかし間もなく、フィリピン全土にわたって無数の抵抗組織が誕生し、拡大していき、治安にあたる日本軍は凄惨な討伐戦で対抗した。

上・ミンダナオ島ダバオ市を占領した日本軍の行進。ダバオは古くから多くの日本人が移住し、商工業に従事していた。
下・降伏したウエンライト中将以下の米軍首脳。バターン半島にこもって抗戦をつづけていた。

ビルマ攻略

１９４２年１月〜５月。南方軍の第15軍（飯田祥二郎中将指揮）による。タイで創設したビルマ独立義勇軍を伴って進撃。義勇軍の最高指揮官と上級指揮官は日本軍人だったが、中堅指揮官は海南島で日本軍が訓練したビルマ独立運動の志士たちだった。義勇軍はビルマ国防軍に発展したが、１９４５年３月、反攻してきた英軍側につき日本軍を攻撃した。

中部ビルマのペグーを占領。

ラングーン（現ヤンゴン）へ入る日本軍。

中部ビルマのエナンジョ油田地帯を占領。

ビルマ独立運動の指導者バーモー博士と飯田軍司令官。のち、バーモーを首班とする政府を組織、名目だけの独立をはたす。

蘭印（現インドネシア）攻略

1941年12月〜42年3月。南方軍の第16軍（今村均中将指揮）による。蘭印の本拠地はジャワにあったが、日本が渇望した油田はボルネオとスマトラに集中していた。航空部隊を前進させて制空権を握り、いくつかの海戦で米英蘭豪の連合国艦隊を駆逐し、最大の油田地帯スマトラのパレンバンには落下傘部隊を降下させて占領を急いだ。ビルマと同様にオランダの圧政から解放するものとして日本軍歓迎の雰囲気がみなぎり、約8万のオランダ軍は日本軍のジャワ上陸1週間後に降伏した。

日本軍初の落下傘部隊は海軍のメナド（セレベス島北部、現スラウェシ島）降下だった。航空部隊が進出し、制空権確保につとめた。

日本軍は“念願”の油田を手に入れた。

収容されるチャルダー蘭印総督。

インドネシアの子供たちに囲まれた今村軍司令官。攻略部隊の司令官は、そのまま占領下の統治者となる場合が多かった。

ジャワ島の英軍捕虜。住民から散髪されている。

ミッドウェー海戦

日本軍は出撃した大型空母４隻すべてを沈められたが、最後の力を振り絞って、米空母「ヨークタウン」（写真）を攻撃して航行不能にした。のち、日本の潜水艦が撃沈した。

アメリカ軍はオーストラリアを根拠地として日本に対する反攻作戦を始めるだろうと予測されたから（事実、フィリピンから脱出したマッカーサーはそうしたのだが）、海軍は当初、オーストラリアそのものを占領することを主張していた。さすがに陸軍は、遠すぎるし、兵力が足りないとして猛烈に反対した。そのかわりオーストラリアに近いフィジー・サモア諸島の攻略占領が合意された。そこに陣取って、付近をオーストラリアに向けて進むアメリカの艦船や飛行機を攻撃する作戦に切り替えた。ＦＳ作戦という。

しかし、ＦＳ作戦は行われなかった。ミッドウェー海戦で主力空母四隻（「赤城」「蒼龍」「加賀」「飛龍」）が沈められたから、そこまで進撃できる機動部隊がなくなったのである。

ミッドウェー作戦の目的は二つあった。ハワイから二〇〇〇キロ以上西寄りのミッドウェー諸島（米海軍基地があった）を攻略占領し、守備隊と航空隊をおいて太平洋の哨戒最前線にすること、それを防止しようとして付近に進出するであろうアメリカ空母部隊を撃滅することである。二つの目的のうち、米空母撃滅が主目標だった。

作戦は非常に矛盾した思考と戦術で実施され、しかも思わぬ原因で大敗した。

どんな矛盾があったのか。連合艦隊司令部はそれまでの海戦で、太平洋上のアメリカ空母はすべて撃沈したか、航行不能となり修理中か、ミッドウェー海域から遠く離れているところにあると、ほとんど確信していた。つまり、出動しても米空母は現れようがないということになる。であるならば、アメリカ空母撃滅という作戦目的がそもそもおかしかった。作戦が計画されてから二カ月以上経過した六月五日（一九四二年）までの状況の変化がそうであるならば、中止あるいは延期してもよい作戦だった。

もし、残っているかもしれない米空母を何がなんでも誘い出して撃沈したいのだったら、空母部隊は電波を発信しながら進み、相手に位置を知らせるべきだった。しかし、そうは

日本軍の南方攻略による最大進出範囲

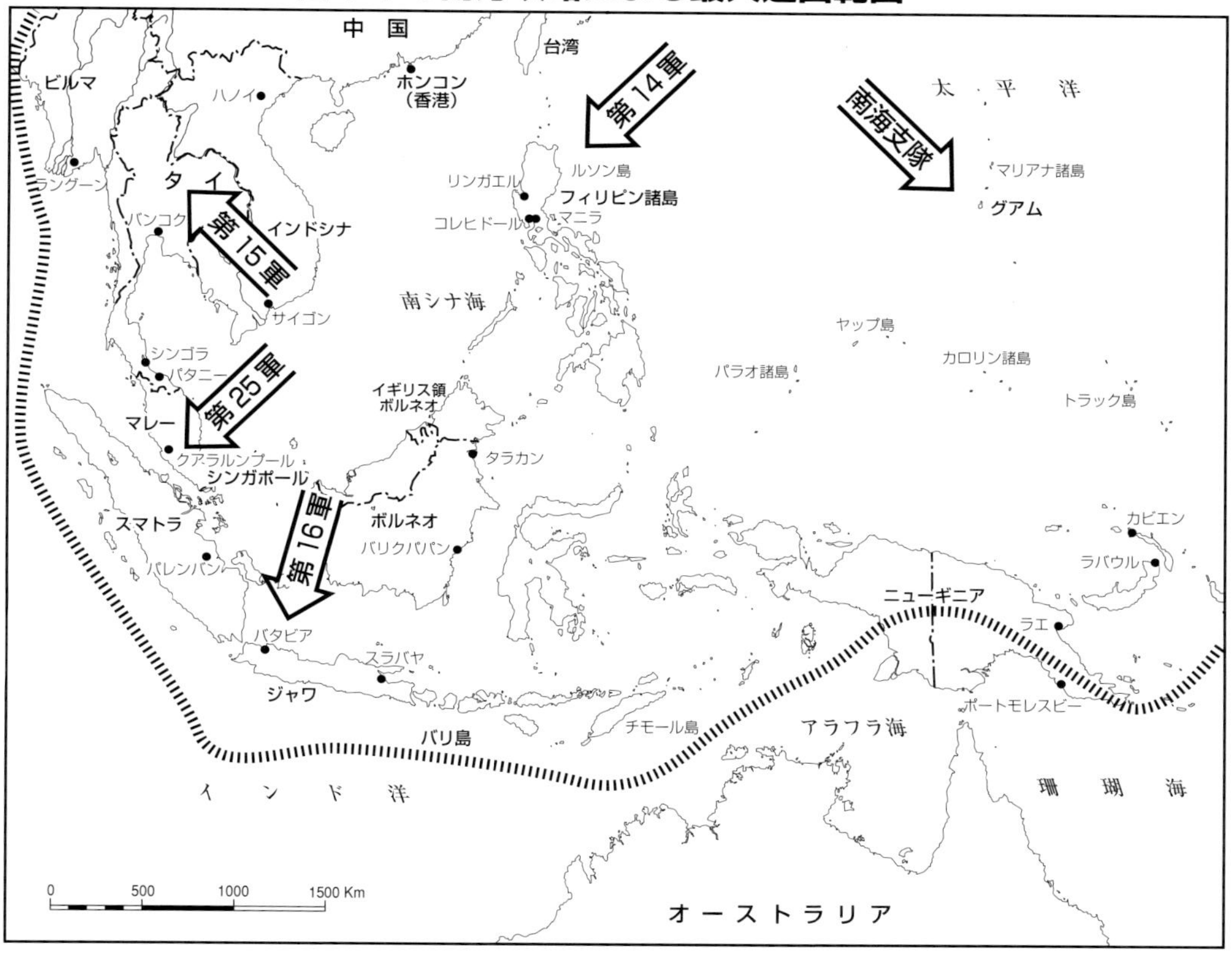

しなかった。アメリカの空母は日本軍を恐れて戦場に出てこないのではないか、と予想していたにもかかわらずである。どっちみち敵空母がいないと思いこんでいるからまともな索敵（空母から偵察機を飛ばして、米空母がいるかどうか探す）などする気はおこらない。事実そうだった。索敵機が米機動部隊を近くに発見したときは、すでに遅かった。

思わぬ原因とは何か。米太平洋艦隊はミッドウェー作戦を、非常に早い段階からすべて探知していたということだ。最後の段階では十数キロの誤差で、出撃した四隻の空母の位置を推定していた。暗号の解読に成功したからである。米空母の事情は日本の連合艦隊が推測していたように、大破したものもあれば遠すぎる海上にいたものもあったが、ミッドウェーに攻めてくるということがわかってからというもの、修理をしながら出撃させたり、大急ぎで回航したりして、三隻を用意して待ちかまえていたのだ。

沈められた日本の空母は主力六隻のなかでも主要な四隻だった。造ろうとすれば二、三年はかかる。機動部隊の主力を失って、日本軍の勢いは大きくダウンした。

第6章

連合軍、反撃に転ず

戦局の一大分岐点——エル・アラメインとスターリングラードの勝利

朝日新聞 夕刊

忠霊廟に御奉告

滿洲國建國十周年の慶祝行事

ス市防衛の赤軍百萬

逃場失ひ捨身の抗戦

獨軍 着々包圍圏を壓縮

二十世紀の音樂

「ス市」、すなわちスターリングラードでドイツ軍が攻勢に立っていることを報じる1942年9月15日付『朝日新聞』。ドイツ軍の壊滅はこれから4カ月半のちである。

エジプト領エル・アラメイン。英独の激しい攻防があった。

一九四二年のヨーロッパ戦線は連合軍が各地で反撃に転じ、大きな勝利をおさめた年となった。北アフリカ砂漠の戦線ではエル・アラメイン（エジプト）で英軍がドイツ軍を破りチュニジアまで敗走させた。そのころモロッコやアルジェリアに上陸した米軍が、西から東に進撃してチュニジアで挟撃し、北アフリカの独伊軍を完全に屈服させたのは翌年五月である。東部戦線ではソ連軍がスターリングラード（現ボルゴグラード）のドイツ軍を、半年以上の激闘を制して完全包囲し、降伏させた（四三年一月）。この二つの戦いを境にして、枢軸軍の敗退、凋落が始まった。

ロンメルのトブルク攻略

北アフリカ・リビア（当時はイタリアの植民地）のキレナイカ一帯で戦われた砂漠戦は振り子型戦争と呼ばれる。ドイツ軍とイギリス軍が陣地を取ったり取られたりをくりかえしたからである。

その最大の陣地トブルクを、八カ月にわたって包囲しながら落としきれず、大きく後退していたロンメル将軍指揮のアフリカ軍団は、一九四二年三月、補給を受けて攻撃を再開した。戦車約六〇〇両（うちドイツ戦車三二〇両、あとはイタリア戦車）を軸に兵力九万のアフリカ軍団は、トブルク奪還をめざした。

トブルクの戦場。北アフリカ戦線で最大の要衝だった。後方に見えるのは英第8軍のアメリカ製戦車。

砂漠の戦場。身を隠すものはない。

自転車で連絡に当たっていたドイツ兵の最期。

倒されたドイツ兵。

それに対する英軍は戦車九八〇両に兵力一〇万であり、戦車の数は英軍が二倍近くあった。ふつうなら英軍が圧勝してもよい戦力比である。事実、ロンメル軍はトブルクを前にしていったんは包囲された。しかし、まだ勢力が残っていたドイツ空軍が補給品を投下して援護した。対する英軍は攻めあぐねた。手持ちの兵力は少なくなかったが、補給の見込みが正確にたたず、思い切った攻勢に出ることがためらわれたからだ。マレーやシンガポール、ビルマから日本軍によって追い出されたことが微妙に影響していた。

六月二一日からロンメル軍は総反撃に出た。陽動作戦で英軍主力を引きつけ、別の部隊を迂回させてトブルク攻撃に向かわせた。ドイツ空軍もシュツッカー（急降下爆撃機）を出動させて地上から英軍戦車を攻撃した。こうしてトブルクは一日で陥落した。捕虜一万人、戦車一〇〇〇両、大砲四〇〇門に加えて、三カ月分の食糧・弾薬と一万立方メートルの戦車用ベンジンを獲得した。

チャーチル首相はワシントンでルーズヴェルト大統領と朝食をとっており、大統領宛の電報を見せられて初めて知った。捕虜の人数については、チャーチルの回想によれば、彼がルーズヴェルトから見せられた電報では「二万五〇〇〇」とあり、チャーチルは「事実は三万五〇〇〇」と記し、損害は、死傷・捕虜をふくめて五万としている。いずれにしても日本軍によりマレー・シンガポールとビルマ全域を占領されたことにつづく大敗北であった。イギリスの新聞には「内閣総辞職か」の見出しが踊り、実際に内閣不信任案が提出された(結果は四七五票対二五票で否決)。

ヒトラーはその功績に対してロンメルを元帥に昇格させた。ロンメル将軍の名前が最もとどろいたのはこの時期である。

しかし、ロンメルの声望もトブルク奪還までだった。エジプト領内に進出してスエズ運河を制圧しようとして失敗したからだ。

もともとヒトラーがロンメルに与えていた任務は、トブルクの南に広がるキレナイカ地方の防衛である。トブルク占領でその目的を果たした。そこに陣取ってイギリス軍をエジプトに閉じこめ、地中海の主要部を枢軸陣営の勢力圏として温存する。マルタ島でイギリス空軍ががんばっており、ロンメル軍に対するイタリアからの輸送船を爆撃していたが、それとエジプトの英軍とを握手させてはならない。

しかし、ヒトラーはロンメルの進言にしたがってエジプト侵攻を許可した。そのときすでに、ロンメル軍はエジプト領内をスエズ運河をめざして進撃していた。

アルジェリアのオランに向かう米軍。

アルジェリアのアルジェに上陸した米軍。

モントゴメリー将軍と米の新兵器

英軍が防衛線を敷いたエル・アラメインはトブルクから東へ約五〇〇キロである。海岸沿いの小さな町で、背後にはいくつかの丘陵がつらなり、さらにその南側は低地となっていた。これなら前線が制限され、ロンメルが得意としている陽動と迂回の戦術はとりにくいと考えられた。

チャーチル首相がカイロまでやってきて檄を飛ばした。ついでに指揮官を更迭した。チャーチルはもともと海軍士官であり、ルーズヴェルト大統領と同様に、全軍の指揮権を握っていた。

偶然とはいえ、ロンメル軍を迎え撃つ第八軍の司令官にバーナード・モントゴメリー将軍が充てられた。せっかく代えた指揮官が直後に事故死したからである。

モントゴメリーは個性の強い合理主義者だった。綿密な計画のもとにすべての後退作戦計画を破棄し、士気の高揚につとめた。「砂漠の狐」ロンメルに敗れた英軍はデザートラット（砂漠のネズミ）と呼ばれていたが、その負け犬の雰囲気を一掃するのが先決だった。もちろん精神力だけではできない。兵員と兵器

わずかな期間だったが枢軸軍に占領されていたチュニスも解放された。

北アフリカ戦線も1943年に入るとチュニジアに圧縮された。砂漠の上を飛ぶ米軍の航空部隊。

の補給がつづいた。

　英軍は戦車一〇〇〇両を擁する機甲三個師団に加えて歩兵七個師団、大砲一〇〇〇門、飛行機一二〇〇機、その総兵力は二二万にふくれあがった。とりわけ、アメリカのM4型シャーマン戦車三〇〇両、B24爆撃機一〇〇機、一〇五ミリ対戦車砲一〇〇門が到着したことが大きかった。シャーマン戦車の七五ミリ砲はドイツ軍主力の三号戦車を圧倒する火力を持っていたし、B24の四〇ミリ砲はドイツ軍戦車を一撃のもとに倒した。トブルク敗北をルーズヴェルト大統領と朝食中に知ったとき、即座にこれら新型兵器を優先的にエジプトに送るという決断がなされたのである。

　対するドイツ軍は、明らかに劣勢だった。トブルクを奪還して港は確保したのだが、肝心の補給船がイギリス空軍に次々に撃沈された。その航空基地がマルタ島である。九月から一〇月にかけて輸送船の四割近くが沈められた。ロンメル軍の燃料と弾薬は明らかに不足していた。戦車はわずかに二七〇両、歩兵は二個師団にすぎない。イタリア軍の戦車が三〇〇両あったが、イタリア軍はまともな戦力として計算できない。味方のドイツ軍さえその戦車を「自力推進棺桶」と嘲笑していたのである。

　ドイツ軍にとってもっとも不幸だったのは指揮官ロンメルが病気のためドイツに帰っていたことだ。

　もともとドイツ軍の攻勢を迎え撃つためにエル・アラメインに陣地を敷いた英軍だったが、モントゴメリーは攻勢に転換できるだけの十分な兵力を与えられたのである。そのうえ、モントゴメリーは一一月になればアメリカ軍が北アフリカ西端のモロッコやアルジェリアに上陸することを知らされていた。そうなるとドイツ軍は東西から挟撃されて降伏するしかない。事実、そのとおりに進んだのである。

エル・アラメインの連合軍と独伊軍配置図

エル・アラメインの攻防

　一〇月二三日（一九四二年）、モントゴメリー軍の大攻勢が始まった。圧倒的な火力の違いを見せつけて、三日間でドイツ戦車の半数以上が失われたが、さすがに鍛えぬかれたドイツ軍は簡単には退却しなかった。八八ミリ高射砲を水平にして射撃する戦術で、英軍戦車を二〇〇両破壊し、辛うじて踏みとどまって

ハスキー作戦。チュニジアで独伊軍を制圧した連合軍はシチリア島へ上陸した（1943年７月10日）。

いた。そういうところへロンメルが前線に戻ってきた。

しかし、いったん敗勢にたたされた部隊を補給もなしに立て直すことは、いかにロンメルとて不可能だった。

一一月一日、モントゴメリーは攻撃を再開した。モントゴメリーは弱いイタリア軍の防衛線に穴をあけ、そこから機甲部隊を突進させることにした。スーパーチャージ（大進撃）作戦という。イタリア軍は簡単に突破され、戦車隊がなだれこんだ。英軍八〇〇両に対して、ドイツ軍は一五〇両をかき集めたにすぎなかった。頼みの八八ミリ高射砲も砲撃と爆撃でほとんど破壊された。

ロンメルはヒトラー総統に対して撤退の許可を求めた。「勝利か死かあるのみ」と拒否されたものの、独断退却を決行。生き残った戦車はわずか三八両という。

チャーチルは「アラメイン以前に、われわれには勝利はなかった。アラメイン以後、われわれには敗北はなかった」と述べている。

ロンメル軍が退却を始めた直後の一一月八日、アイゼンハウアー将軍が指揮をとる米軍（と英軍）がモロッコのカサブランカ、アルジェリアのオラン、アルジェに上陸した（トーチ作戦）。兵力一〇万である。ロンメル軍が退却してくるのを待ちかまえる態勢になった。ロンメル軍は英軍に追撃されてリビア国境を越え、チュニジアに侵入した。

イタリアはチュニジアに増援部隊を送り戦線の建て直しをはかった。しかし、一九四三年二月から連合軍による東西からの挟撃戦が展開され、五月一二日、独伊軍二五万人は降伏、北アフリカ戦線は連合軍の勝利に終わった。ロンメル元帥は三月、病気治療を理由に戦線を離脱していた。撤退を進言して受け入れられなかったからという。

ドイツ、スターリングラードを攻略

ヴォルガ川の西側河畔にあるスターリングラードは、戦後のスターリン批判の結果、ヴォルゴグラードと名前を変え、現在に至っている。もともとツァリツインと呼ばれていたが、第一次大戦中に始まったソヴィエト革命戦争で、スターリンが指揮官として戦功をたてたことから名前を変えたのである。

ドイツＢ軍集団の第六軍と第四機甲軍がスターリングラードを攻略したのは一九四二年七月である。そこには製鋼所、大砲鋳造所、化学工場、トラクター工場が集中している。ドイツにとってそれを破壊するのも意味はあったが、本当の目的はその西南にあるカフカス（コーカサス）の油田地帯を占領するために、その進撃路の左翼に位置するこの都市が、反撃の拠点となることを防ぐためだった。

ドイツ軍は前年末、モスクワ攻略に今一歩というところで撤退したが、東部戦線を放棄してドイツに帰ったわけではなかった。戦線を数百キロ後退させただけだった。そして、四二年の春になると各地で攻勢をかけてきた。モスクワ正面は強固に防衛線が敷かれたのであきらめ、北方のレニングラードと南方のウクライナ、さらにはカフカス地方を重点的に攻めた。とりわけ年産二五〇万トンのマイコープ油田獲得を大きな目標とした。

ヒトラーは南部軍集団をA軍集団とB軍集団の二つに分け、A軍集団をカフカス攻撃に向かわせ、B軍集団をスターリングラード攻撃に向かわせた。いずれも三〇万前後の兵力である。

このころのヒトラーは独裁者の名にふさわしく、国防軍最高司令部（略称OKW）の意見に耳をかさず、ほとんど独断で部隊を動かしていた。そのもっとも良い例がクリミヤ半島のセヴァストポリを陥落（七月三日）させたマンシュタイン将軍指揮の第一一軍を、スターリングラードの攻撃に投入せず、最北端のレニングラード攻略に向かわせたことである。一五、六万人の部隊を一五〇〇キロも北上させて、単にレニングラードの包囲を強めるためだけに使用した。

スターリングラードは攻撃して占領する方針だった。中心となる第六軍が、爆撃でほとんど瓦礫の街となったスターリングラードに入ったのが九月である。スターリングラード

ドイツ軍の爆撃で廃墟となったスターリングラード。

破壊されたスターリングラードの工場に踏み入れたドイツ兵。

ドイツ占領下のウクライナ地方では残酷な虐殺がつづいていた。

の周囲を、ルーマニア軍を主力に、ハンガリー、イタリア軍など五〇万の混成部隊で固めた。しかしこれら枢軸諸国の軍隊はただ数が多いというだけの部隊だった。

ソ連軍の包囲とヒトラーの驕慢

市街戦が始まった。人口一〇〇万の大都市だから、そう簡単には崩れない。住民はほとんど避難しているとはいえ、チュイコーフ将軍が指揮するソ連第六二軍は市街地で反撃をくりかえし、ドイツ軍主力が市街から出ないようにつとめた。その間、両翼を固めているルーマニア軍を包囲するように陣地を敷きつつあった。首相の名前のついた都市をむざむざと敵に明け渡すわけにはいかない。

包囲のための兵力移動はもちろん秘密裏に準備されたが、その動きを感じないほど現地のドイツ軍も愚かではない。何か手を打たなければならないが、ヒトラーはそう進言する国防軍最高司令部の参謀たちに罵声を浴びせた。当時の参謀総長はハルダーという人物だが、のちに「意見の対立は沸騰点にまで高まった」と書き、傍点までふった。

スターリングラードをめぐるドイツ軍の攻撃

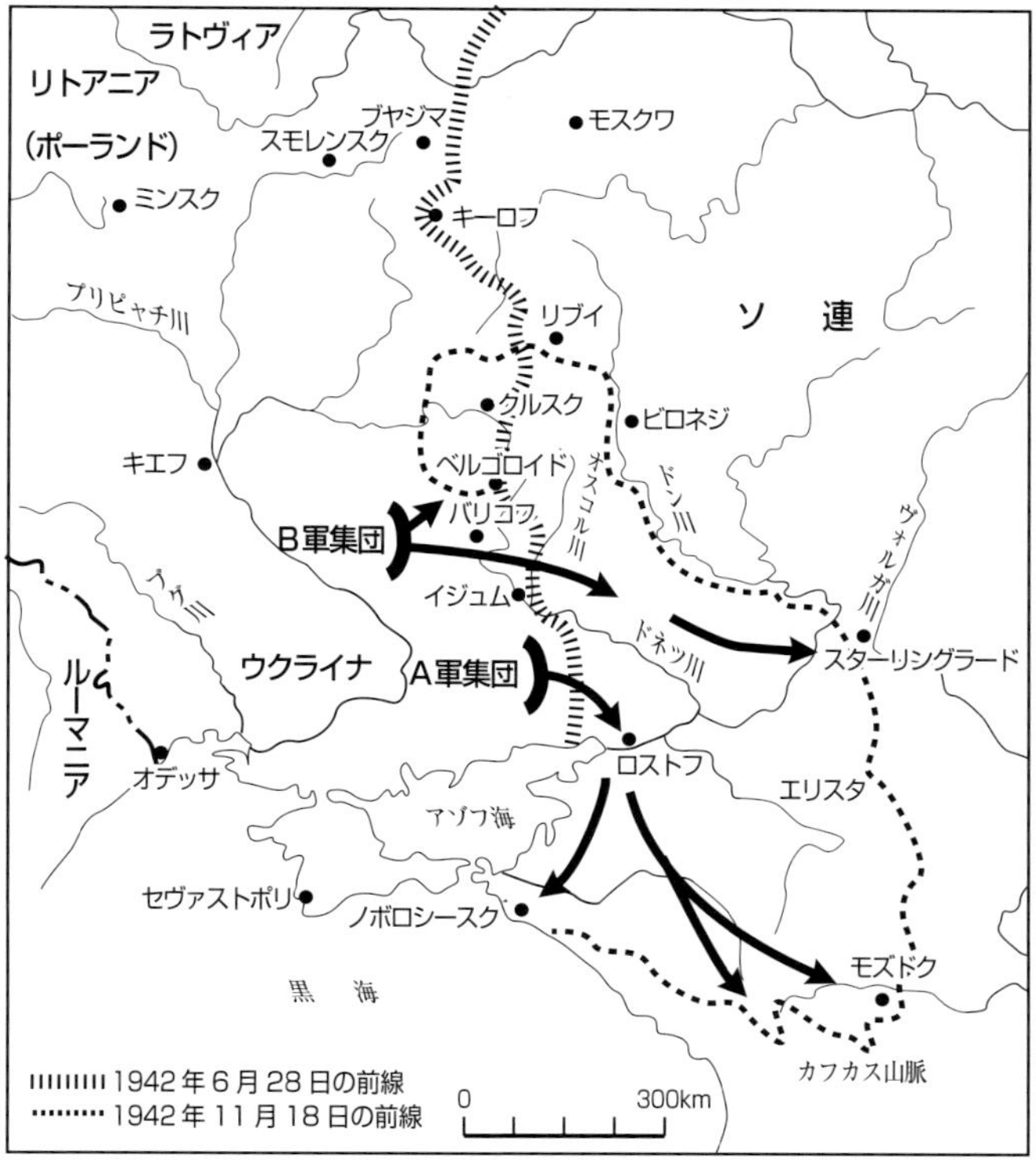

スターリングラードの側背に配置されたルーマニア軍。間もなくソ連軍に包囲される。

ヒトラーは当時、「ロシア軍は死滅した」という奇妙な思いこみにとらわれていた。ドイツ軍はこの年五月、性急にハリコフ（モスクワの南六四〇キロ）奪還をめざしたソ連軍を簡単に打ちまかし、捕虜二五万人、戦車一〇〇〇両を捕獲したが、そのことが頭にあったに違いない。

　しかしその後、ソ連軍は考え方をあらためた。十分な準備こそ勝利につながるとして、準備不足のところを攻められたらまず退却する戦法をとり始めたのである。東部戦線の平原ではいくらでも退却できる余裕がある。その一方で、ウクライナ地方からウラル山脈の東側に急速に疎開させた工場をフル回転させて武器弾薬の生産増強につとめた。工場の疎開は、ドイツ軍が初めて侵攻したころから大々的に行われ、屋根を葺く時間も惜しんで武器弾薬の生産に励んだと言われる。

　加えて、アメリカからの武器援助があった。その量は一九四二年六月までの八カ月間で「飛行機一二八五機、戦車二二四九両、機関銃八万一二八七丁、爆薬二六九九万四八五〇キログラム、トラック三万六八二五両、無線電話機五万六四四五個、電話線六一万二八九キロ」（レイモン・カルチェ著『全史　第二次世界大戦実録』）などであり、圧縮乾燥した蛋白質や高カロリー食品、さらには固形ボルシチやロシア風ポークソテーなどである。ソ連は穀倉地帯

左・右・スターリングラードのドイツ軍を包囲したソ連軍が一大反撃を開始した。

下・燃えさかるスターリングラードに入るソ連軍増援部隊。

のウクライナの要衝を占領され、その大部分が戦場となっていたので、食糧不足にも悩んでいたのである。

こうしたおかげで、ソ連は次々と新しい部隊を編成できた。戦車軍団も大急ぎで再編された。五〇両で一個戦車旅団とし、この戦車旅団三個と自動車に乗せた狙撃旅団（歩兵部隊）一個で一つの戦車軍団とした。さらに三個戦車軍団と独立戦車旅団（戦車五〇両。歩兵部隊協力専門）二、三個、狙撃師団一、二個という「戦車軍」という大きな軍団を編成した。スターリングラード戦のころにはこの戦車軍が二個完成しており、大戦の終わりごろまでに六個編成したのである。

こうした動きは、ドイツ諜報部も探知していた。次々と登場するこれまでにない新編の部隊が送り込まれていることをつかみ、ヒトラーにも報告していたが、ヒトラーはとりあげず、「まったく幼稚で単純な理論家だけが、こんな不器用なスターリンの欺瞞にひっかかるのだ」と嘲笑した。

ソ連軍はそんなヒトラーの驕慢にも助けられて、約一〇〇万の軍勢でスターリングラード包囲網を完成しつつあった。ハルダー参謀総長は包囲軍は一〇〇万から一五〇万であり、戦車の生産能力も増大して一カ月に一二〇〇両は各方面の前線に送られていると報告した。

「そんな馬鹿げたおしゃべりはやめろ」とヒ

ソ連軍の第138師団長リュウドニコフ将軍。

上・下・市街地深く踏み込んで最後の攻撃をかけるソ連軍。

日本式にいえばヒトラーから「玉砕」を命じられたパウルス元帥は降伏した。

解放されたスターリングラード。ソ連は以来、大祖国戦争と呼ぶようになり、「祖国のため」「スターリンのため」を標榜し、2年半にわたってドイツ軍を追撃した。

戦いが終わり、ドイツ兵捕虜にパンを切って与えるソ連軍兵士。

トラーは怒鳴り、とうとうハルダーを罷免してしまった。

スターリングラードへの大反攻

一一月一九日(一九四二年)、満を持したソ連軍の大反攻が開始された。東西五〇キロ、南北四〇キロの大包囲の環の中へ、一万三〇〇〇門以上の大砲が咆吼し、九〇〇両の戦車が突進した。包囲環の中のドイツ軍はルーマニア軍などもふくめて三〇万を超すと推定される。ソ連軍はヴォルガ川が凍結していたとはいえ、補給の道は幾重にも確保されていた。包囲されたドイツ軍には地上からの補給の道はない。空輸が唯一の頼りである。

包囲された軍隊は空中補給がつづかなければいずれはやせ細る。ドイツ軍も例外ではなかった。アゾフ海に注ぐドン川はスターリングラード付近で大きく西北に湾曲している。同市の東側を流れるヴォルガ川とは一〇〇キロほどしか離れていない。ドイツ軍はそのドン川湾曲部付近から輸送機を飛ばして空中補給につとめたが、ほとんど効果はなかった。

包囲されたドイツ軍第六軍が要求した一日の補給量はパンだけで四〇トン、弾薬とガソリンは七五〇トンだった。これに対して、空輸できたのは総量で一日五〇トン程度で、最大でも一〇〇トンだった。反撃力が日に日に弱まり、飢餓が蔓延しはじめた。

　ソ連軍の攻撃が現実となって、さすがにヒトラーはあわてた。もしもスターリングラードが陥落すれば、カフカス油田の攻略部隊A軍集団は退路を断たれ、孤立する。A、B軍集団の上級部隊としてドン軍集団が新設され、レニングラードからマンシュタイン将軍が呼び戻され、司令官となった。マンシュタインの任務はA軍集団の後方を確保することだが、包囲されている第六軍（A軍集団主力）の救出にも心を砕く。

　とはいえ、ヒトラーが第六軍の脱出に許可を与えたわけではなかった。ドイツ国防軍司令部とマンシュタインとの間だけで合意された救出作戦である。マンシュタインは第六軍司令官パウルスに突破脱出命令（一二月一九日）を発したが、ヒトラーの死守命令もありパウルスは逡巡し、脱出の機会は失われた。

　スターリングラードの陥落を目前に控えて、ソ連軍の別の部隊がロストフ方面への進撃を開始した。ロストフが落ちればカフカスのドイツ軍は自滅する。ヒトラーはやむなくカフカスからの撤退を命じた（一二月二九日）。

　脱出の機会を失い、ソ連軍から投降を勧告されたパウルス司令官はヒトラーに対して「行動の自由」の許可を求めたが、もちろん拒絶された。ソ連軍は一月一〇日（一九四三年）から最後の猛攻を開始した。三〇日、パウルスが「軍の運命は二四時間」と報告したことに対して、ヒトラーはパウルスを元帥へ昇格させる旨つたえるとともに「ドイツでは元帥が捕虜になった例はない」と言い添えた。日本式にいえば「玉砕命令」である。

　一月三一日、最後に残った通信兵が「兵士はさまようばかりで抗戦をつづける者はほとんどなし。指揮官はその任務につかず」と打電した。同日夕方、「ソ連軍、陣地前方に迫る。これより通信施設を破壊す」としてC・L（もはや送信なし）を三回送り、通信を絶った。パウルス司令官ともども、九万四〇〇〇人が投降したのは二月二日だった。ドイツ軍全体としては（ルーマニア軍やイタリア軍もふくめて）二〇万人が戦死していた。

そのとき日本は……

　太平洋戦線では日本軍がガダルカナル島（ソロモン諸島）の攻防をめぐって米豪連合軍に激しく追いつめられていた。ガダルカナルはラバウルから西南約1000キロにある。ミッドウェー海戦で敗れ、ＦＳ作戦（フィジー・サモア諸島攻略）ができなくなったので、ここに飛行場を建設し、対日反攻基地・オーストラリアへのアメリカ軍進出を阻止する前進基地とする作戦だった。アメリカ軍は1942年８月７日、３万の海兵隊を上陸させて飛行場を占領した。日本軍は以後、その奪還を目指して数次に分けて陸軍部隊を派遣、海軍も上陸部隊を阻止する米艦隊、機動部隊と５回におよぶ海戦を繰り返し、航空戦を展開した。しかし、火力に優る地上部隊に上陸部隊はねじ伏せられ、海軍による補給輸送船もアメリカの航空攻撃の餌食となって、上陸部隊に飢えが広がった。1943年２月、日本軍は撤退した。日本軍戦死は約２万5000人である。

ガダルカナル島の海岸を哨戒する米戦車隊。

第7章

連合軍、怒濤の大攻勢

イタリアの降伏、ドイツ本土に猛烈空襲、ノルマンディー作戦でフランス解放へ

朝日新聞
北佛に第二戦線
敵軍、海空より侵入
セーヌ河口などに揚兵
獨軍、猛烈に反撃中
空挺隊の大半を殲滅
獨沿岸砲、巡艦一隻撃沈
ノルマンディ 飛行場を狙ふ
同半島上陸の空挺隊は全滅
獨側の報道は極めて冷靜
カーン地區で激戰

ノルマンディー上陸作戦を伝える1944年6月7日付『朝日新聞』。

ノルマンディーへの道

英軍がエル・アラメインで、ソ連軍がスターリングラードでドイツ軍を打ち破ってからは、局地的な一進一退はあったものの、連合軍が枢軸軍に大きく敗れることはなかった。以後の戦いは、米英軍のイタリア進攻、ソ連軍のウクライナにおける反攻作戦など、連合軍による反撃作戦がつづく。

そして、米英軍を主力とする北フランスのノルマンディー上陸作戦（一九四四年六月）が、ヨーロッパ戦線の決定的な転機となった。この作戦で、ソ連が要求していた「ヨーロッパ第二戦線」が形成され、ドイツは東からのソ連軍、西からの米英軍に挟み撃ちされた。

第二戦線の形成は、テヘラン会談（一九四三年一一月）で米英がソ連に約束したものだったが、もとより米英にしてもいずれはフランス上陸作戦を行わなければならないことは承知していた。問題はタイミングだった。イギリスは、ドイツが十分に弱ってから実施して、できるだけ損害を小さくしたかったからである。

テヘラン会議のほぼ一年近く前に開かれた米英首脳によるいわゆるカサブランカ会議（一九四三年一月）は、シチリア島を経てイタリア進攻作戦を申し合わせ（アメリカはフランス上陸作戦を主張していた）、同時に枢軸軍が無条件降伏するまで戦いをつづけることを宣言した。

テヘラン会談に先立って開催されたカイロ会談（一九四三年一一月）には、チャーチル首相、ルーズヴェルト大統領に加えて中国政府の蔣介石総統が出席した。そして、日本の無条件降伏まで戦うことを申し合わせ、朝鮮の独立と関東州・満州・台湾の中国への返還などを確認した。

これら一連の会談は、守勢からようやく攻勢に転じた連合軍の連携をより強固にし、戦後の政治勢力圏も視野に入れた戦いに突入していくのである。

イタリア進攻とその降伏

イタリアは「枢軸国のやわらかい下腹」だった。アイゼンハワー中将が総司令官となり、

ジョージ・パットン少将率いる米第七軍、モントゴメリー中将率いる英第八軍を主力とする連合軍は総兵力四八万。対するシチリア守備隊はドイツ軍六万、イタリア軍一九万。連合軍は七月一〇日（一九四三年）から上陸を始めた。独伊軍は軽戦を交えつつ退却し、ほとんどがイタリア本土に撤収してしまった。連合軍のシチリア島の制圧は八月中旬である。

連合軍のシチリア上陸直後に、イタリアに大きな変化が起こった。二八人で構成されている同国最高会議（議長は独裁者ムッソリーニその人）が一九人の賛成を得て、ムッソリーニ総統の権限を国王に戻すことを決議したのである（七月二四日）。決議には法的拘束力はなかったが、ヴィットーリ・エマヌエレ三世国王はムッソリーニを逮捕し、バドリオ元帥を首相に任命した。国王、バドリオ、ドランディ（ファシスト党幹部）らが画策した陰謀だったが、ムッソリーニ体制はあっけなく倒された。

英第八軍が九月三日、イタリア南端レッジョ・デイ・カラブリアに上陸し、バドリオ政府は同日連合国に降伏した（公表は九日）。九月九日、米第五軍が西部中央のサレルノに上陸した。イタリア軍の降伏で戦闘は行われない

1943年に開かれた連合国首脳会議

カサブランカ会議（1943年１月）。　右からチャーチル英首相、ド・ゴール自由フランス代表、ルーズヴェルト米大統領、ジロー仏領アフリカ長官および仏陸軍最高司令官。同会談はド・ゴールとジローの権力分担についても話し合った。

カイロ会談（1943年11月22〜26日）。左から蔣介石中国国民党総統、ルーズヴェルト大統領、チャーチル首相、蔣介石夫人宋美齢。日本の無条件降伏まで戦うことを確認した。

テヘラン会談（1943年11月28日〜12月１日）1944年５月に中にフランス上陸作戦を実施することを決め、ドイツ降伏後３カ月後にソ連が日本との戦争に参入することを申し合わせた。

イタリアのアンツィオに上陸米軍。すでにイタリアは降伏しており、相手はドイツ軍だった。

はずだったが、イタリア駐留のドイツ軍が強硬に抵抗して、進攻作戦は順調には進まなかった。

　ドイツ軍はローマを占領し、ローマ南方ガリリアーノ川沿いに敷かれているドスタフライン陣地に拠って、連合軍の進出を阻止していた。同時にバルカンやウクライナ地方、フランスのイタリア軍一七〇万人を武装解除し、捕虜とした。イタリアで連合軍が相手にしたのは、結局はドイツ軍だったのである。ドイツは逮捕されたムッソリーニを救出し、北イタリアのサロオに政府を樹立させたが、むろん名目だけのものにすぎず、事実はドイツ占領下にあった。イタリア国内のドイツ軍は連合軍の進出を拒み、米第五軍がローマを解放するのは一九四四年六月四日、つまりノルマンディー上陸作戦開始の二日前だった。

連合軍のイタリア進攻

ローマに進軍したアメリカ軍。ノルマンディー上陸作戦の２日前である。

ドイツ本土への戦略爆撃

アメリカは太平洋戦争が始まると間もなく、第八空軍を新設してドイツ戦略爆撃の準備にかかっていた。この部隊はいわば、アメリカが主戦場を太平洋ではなく（しばらくは）ヨーロッパに置くことをイギリスに約束する証のようなものだった。

真珠湾を奇襲され、アメリカには日本に対する怒髪天を衝くような「日本憎し」の世論が渦巻いた。チャーチル首相はルーズヴェルト大統領がその世論に押されて戦場の重点を太平洋におき、「ヨーロッパ、アフリカ、中東でドイツとイタリアと戦うのをわれわれにまかしてしまうかもしれない由々しい危険」（チャーチル著『第二次世界大戦』　佐藤亮一訳）を本気で心配していたのだ。

イギリスは一九四二年三月からドイツ本土への本格的な夜間爆撃を開始していた。ドイツ空軍も散発的にイギリスの各都市に爆弾の雨を降らしていた。

イギリス空軍は、すでにロンドンやコヴェントリーなど都市無差別爆撃の洗礼を受けていたから、対抗する意味でもドイツの都市をまるごと焼きつくすことにまったくこだわりがなかった。敵戦闘機や対空砲火の危険の少ない夜間爆撃が主流となっていたのは、必ずしも援護してくれる長距離戦闘機がなかったからばかりでもない。夜間の、焼夷爆弾による火災がドイツ人に与える心理的恐怖心も計算されていた。

夜間爆撃は、GEE装置によってレーダーで正確な位置を確認しながら飛行できるようになって、さらに強められていく（この装置の最初の応用は一九四二年三月のリューベク市［ハンブルク北東］への夜間爆撃）。

それに対して、アメリカ空軍は「爆撃隊の正当精神」にのっとって、軍需工場や交通網、通信施設、ドックといった限定的な照準精密爆撃を原則としていた。アメリカの戦略爆撃は基本的には英空軍と同様に「ドイツの軍事、工業および経済組織を順次破壊し、武力抗争の能力を死滅させ、ドイツ国民の士気を萎縮させる」（ドイツ本国への戦略爆撃を命じるカサブランカ指令）ことにあったことは変わりないとしても、爆撃目標を潜水艦建造工場、航空機工業、輸送機関、製油工業、軍需工業、そ

ハンブルクの製油工場に対する爆撃。

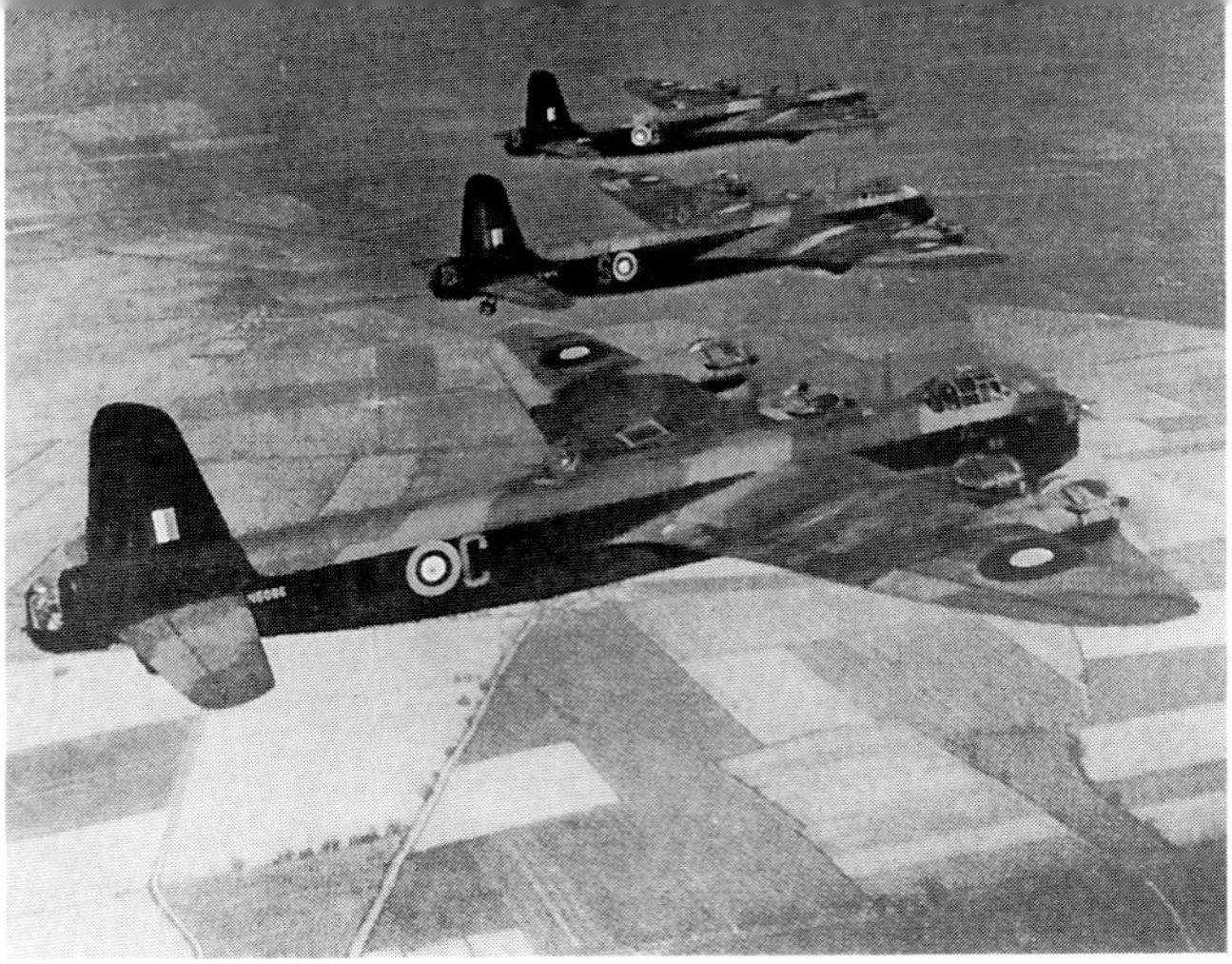

ドイツの都市夜間爆撃に向かうイギリス空軍。

米空軍は昼間、ドイツ本土の軍需工場に対して照準精密爆撃を実施した。対空砲火を浴びるB24爆撃機。

の他というぐあいに、優先順位を決めて実施するものであった。照準精密爆撃だから爆撃は昼間でなければならなかった。

米英両空軍の本格的な戦略爆撃は、五、六月（一九四三年）から開始された。

英空軍は夜間空襲でドイツ各都市を恐怖のどん底に突き落とす。たとえば七月二五日のハンブルク空襲は焼死者四万とされ、市街地は大半が廃墟となった。ここには昼間爆撃も併用され、延べ三〇〇〇機で九〇〇〇トンの

爆弾を落としたのである。
　昼間爆撃専門の米空軍はドイツ戦闘機の迎撃を受けてその主力爆撃機B17は大きな損害を出した。爆撃地はイギリスの基地から七五〇キロ～一〇〇〇キロ離れており、当時はまだこれほどの長距離を護衛して往復できる戦闘機がなかったからだ。P51ムスタング戦闘機が配備されるのは一九四四年二月になってからである。
　いずれにしても米空軍は四月から一〇月にかけ、主として、
ブレーメン（航空機工場）
キール（潜水艦工場）
フルス（合成ゴム工場）
カッセル（航空機工場）
プロイエスュティ（精油所）
ルール工業地帯
シュバインフルト（ベアリング工場、二回）
レーゲンスブルク（航空機工場）
シュトゥットガルト（ベアリング工場）
ブレーメン（潜水艦工場）
マリエンブルク（航空機工場）
ミュンスター（各種機械工場）
などを爆撃した。
　右の一三回の大空襲に参加したB17は二六〇八機（B24を一七八機ふくむ）に達したが、喪失四二一機（一六％）、損傷三六九機（一四％）だった。これは一回の爆撃機編隊が大規模なものに限った数字だが、ルール工業地帯には四カ月で延べ一万八五五六機が出撃し、喪失八七二機（五％）、損傷二一二六機（一一％）の損害を出したという。
　英空軍は一一月一八日からベルリンへの夜間空襲を実施し、翌年三月まで一六回を数え、市街地の三分の一を破壊した。
　ドイツは連合軍地上部隊の進攻に先立って空からの爆撃で大打撃を受けつつあった。

六月六日、ノルマンディーへ上陸

「このような状況で命令を出すことは残念だが、命令しなければならない」

　連合軍最高司令官アイゼンハワー大将はこう言って、六月六日（一九四四年）のノルマンディー上陸決行（オーバーロード［大君主］作戦）を決断した。六月五日午前三時三〇分という。天気が荒れていた。風速一三メートルから二〇メートルの風が吹き、外海は荒れ狂い、上陸用艦艇が停泊しているイングランド東岸のプリマスからニューヘヴンまでの停泊地は高波が踊っていた。

　しかし、サウスウィックの司令部ではイギリス空軍の気象班長（J・Mスタッグ大佐）が、五日がすぎれば六日は風もおさまり、雲も切れてくるが、七日以降はまた荒天がつづき、いつまでつづくかわからないと報告したのだ。最初に決められていたDデイ（決行予定日）の五日はすでに延期されていた。

　結果的にはこの決断は幸運だった。ドイツ軍は連合軍の上陸近しと待ちかまえていたが（もっとも上陸地点をカレー方面と読み間違えていた）、荒天続きで数日は上陸なしと判断し、ロンメル元帥をはじめ主要な指揮官は現地に一人もいなかったのである。

六月五日午後九時過ぎイギリスBBC放送は、フランスのレジスタンス組織へ向けてヴェルレーヌの「秋のうた」六行詩の後半三行「単調なけだるさで、私のこころを傷つける」を朗読した。それは二四時間以内に上陸作戦が開始されることを告げており、レジスタンスは一斉に電話線の切断などドイツ軍妨害活動に入った。「秋の日のヴィオロンの……」前半三行は数日前から放送されており、その意味は上陸間近を伝えており、最後の三行が朗読されるのを今や遅しと待ち受けていたのである（上陸間近の暗号は「アルベールのズボンつりは、はちきれそうです」であり、ヴェルレーヌの詩の後半三行も数日前から放送された事態切迫を告げる暗号という文献もある）。

カレー付近に展開していたドイツの第一五軍諜報部はこれらの事情をすべて知っており、後半三行を傍受して国防部司令部へ通報したが、だれもそんな情報に関心は寄せなかったという。第一五軍は独自に関係方面の部隊に警報を発したものの、連合軍が上陸しようとするノルマンディー正面の配置についていた同地区海軍司令部と第七軍だけは宛先から外されていたという。ウソのような話である。

午前零時一五分から先遣のパラシュート部隊が続々と上陸地点の後方に降下した。約三万の兵力である。

午前五時過ぎ、ノルマンディーの沖合いの戦艦、巡洋艦から一斉に砲撃が始まった。すでに大小艦艇五〇〇〇隻以上が沖合いを埋め尽くしている。イギリス本土を発進した爆撃

ノルマンディー上陸作戦の連合軍最高司令部が置かれたサウスウィック・ハウス（ポーツマス近郊）。

空挺隊員を激励する最高司令官ドワイト・D・アイゼンハワー大将。第２次大戦が勃発したとき中佐だったが、４年10カ月後のノルマンディー作戦時は大将、そして間もなく元帥となる。高い能力に加えて、優れた協調調整能力が評価された。戦後、大統領。

イギリスへ集積される軍事物資

上陸作戦に備えてアメリカからイギリスへ膨大な量の軍需品が輸送された。兵員350万と軍需品2000万トンが集められ、「イギリスが沈まなかったのは数千の防空気球のおかげだ」とジョークが生まれた。すでに大西洋のUボートは駆逐され、アメリカからは月に2回、クイーン・メリー号とクィーン・エリザベス号がそれぞれ1個師団を乗せ、護衛なしで悠々と大西洋を渡った。

戦闘機の部品。

上・上陸部隊の血液、ガソリン。
左中・戦車の群れ。
下・砲弾は道路脇に隠蔽された。
左下・大小さまざまな大砲。

機も到着しはじめ、内陸部のあらゆるドイツ軍陣地を爆撃した。参加した爆撃機は延べ二万五〇〇〇機という。

午前六時三〇分、上陸作戦が始まった。モントゴメリー将軍に率いられた第二一軍の一七万である。それはオーマー・ブラッドレー中将の米第一軍とサー・マイルズ・デンプシー中将指揮の英第二軍に分かれていた。東からソード、ジュノー、ゴールドと名づけられた海岸には英第二軍が、さらにオマハ、ユタと命名された海岸には米第一軍が上陸した。オマハの正面だけがドイツ守備隊の正面とぶつかり激しい戦闘となった。戦闘は夕刻までつづき、二五〇〇人の死傷者を出して、ようやく二キロの橋頭堡を確保したのだった。

連合軍はこの日以後もぞくぞくと上陸部隊を送りつづけ、一〇日間で約六〇万人、七月末までに一五〇万の兵員とそれに必要な物資を揚陸した。三カ月後までにはさらに一〇〇万の兵員が増強された。作戦に必要なとりあえずの燃料はドラム缶と給油車で運び込んだ。しかし、揚陸された戦車もふくむ車両五〇万両と数万機の飛行機のために、最終的には海底に二〇本の油送管を敷設、ガソリンを休むことなく送りつづけた。それでも連合軍の大軍団は九月になると燃料不足で作戦に支障を来すのである。

一方、東部戦線では、六月二二日、ソ連軍の夏季攻勢が開始された（後述）。東西相呼応した連合軍の大反攻が始まったのである。

ノルマンディー地区の戦い

ノルマンディーより北方のカレー地区に布陣していたB軍集団司令官ロンメル元帥は、六月四日、「勝敗はこの海岸線で決まる。その日こそ連合軍にとってもわれわれにとっても一番長い日になるだろう」と幕僚に語っていた。しかしロンメルはその日、妻の誕生日を祝うため持ち場を離れていた。

もともとドイツ軍は、連合軍上陸の際の基本戦術が決まっていなかった。ロンメルが水際撃退を主張し、西方軍司令官フォン・マンシュタイン元帥は内陸に引きこんでからの決戦を主張していた。結局、折衷案が採用され、歩兵部隊が水際でがんばり、装甲部隊は後方へ下げられた。しかし、その装甲部隊が出撃できたのはその日の午後遅くなってからである。なぜなら、連合軍上陸の急報を国防司令部はすぐにはヒトラーに知らさなかったからである。当時のヒトラーは夜更けまでしゃべりちらし、明け方に就寝して昼近くに起きるのが習慣となっていたからだ。参謀たちはヒトラーを起こして、機嫌を損ねることのほうを恐れた。

そのうえ、連合軍上陸の報告を受けても、ヒトラーは驚かなかった。連合軍のノルマンディー上陸は一種の陽動作戦であり、本格的上陸はカレー付近に間違いないと信じこんでいたからだ。

ドイツ軍のこうした数多くの不手際があったにもかかわらず、上陸後の連合軍は相当に苦戦した。

七月一日までの連合軍の死傷者・行方不明者六万二〇〇〇人は予想を大きく下回ったとされている。しかし、米軍の当面の目標であったサン・ロ地区は上陸六日目に奪取となっていたが、四四日目の七月一九日にようやく踏みこんだものの、制圧するまではできなかった。ドイツ装甲部隊は簡単には退かず、長さ七キロ、幅三キロという狭い地域に包囲されながらも、連合軍のそれ以上の進撃を阻んでいた。

サン・ロのドイツ軍を粉砕したのは地上部隊ではなく、爆撃部隊だった。この狭い地域に二三〇〇機の爆撃機が爆弾の雨を降らせ、最後にナパーム弾を降り注いで焼き払った（七月二五日）。それは敵味方とも初めて経験する形容のしようもないほどの恐ろしいばかりの大爆撃だった。辛うじて生き延びたドイツ兵のなかには発狂している者が多かった。

サン・ロが解放されて、米軍はノルマンディーからの出口に当たるアヴランシェを占領（七月三一日）、そこから向きを東、次いで北に

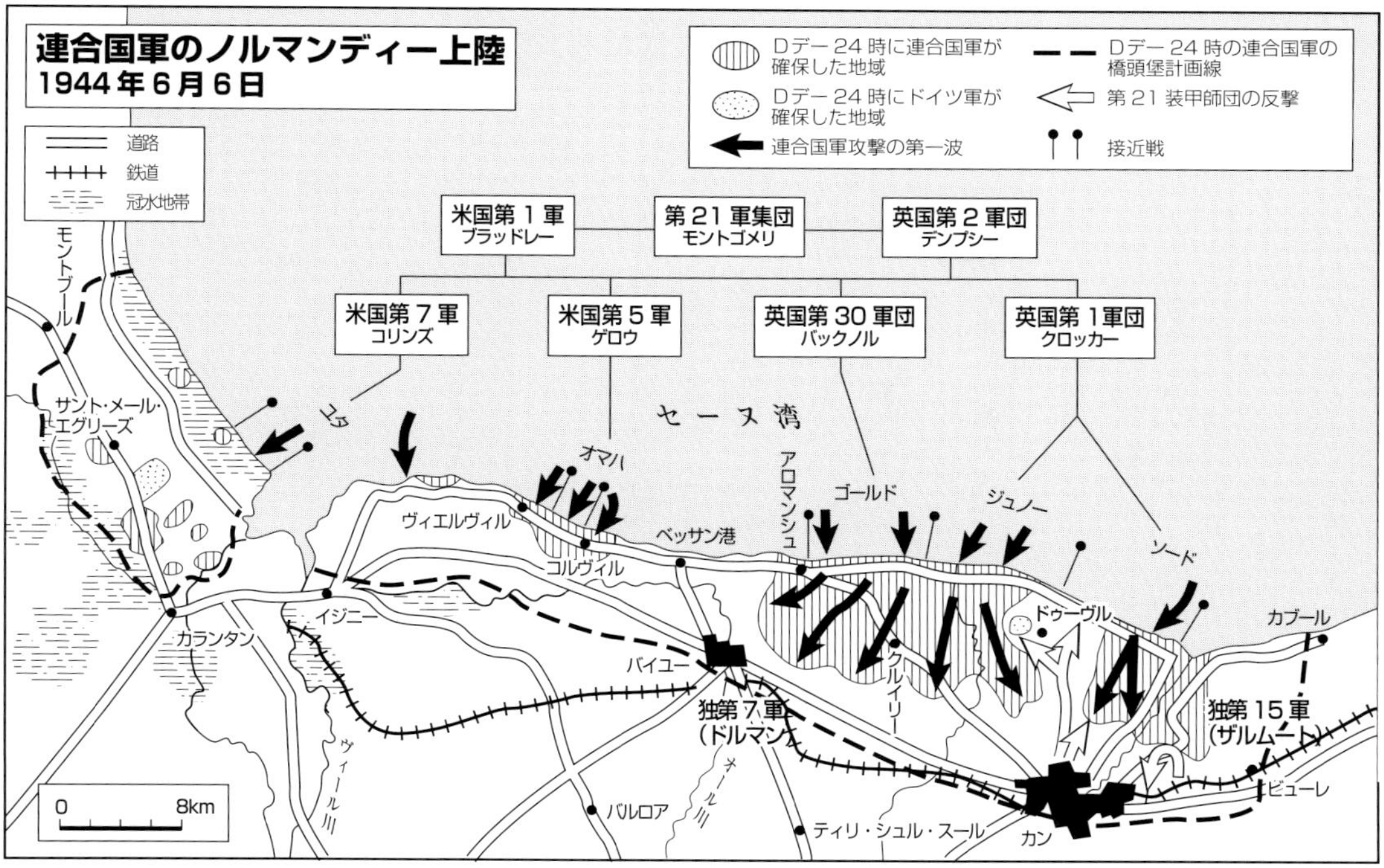
連合国軍のノルマンディー上陸
1944年6月6日
Dデー24時に連合国軍が確保した地域
Dデー24時にドイツ軍が確保した地域
連合国軍攻撃の第一波
Dデー24時の連合国軍の橋頭堡計画線
第21装甲師団の反撃
接近戦
道路
鉄道
冠水地帯
米国第1軍
ブラッドレー
第21軍集団
モントゴメリ
英国第2軍団
デンプシー
米国第7軍
コリンズ
米国第5軍
ゲロウ
英国第30軍団
バックノル
英国第1軍団
クロッカー
モントブール
サント・メール・エグリーズ
ユタ
セーヌ湾
オマハ
ヴィエルヴィル
コルヴィル
ベッサン港
アロマンシュ
ゴールド
ジュノー
ソード
ドゥーヴル
カブール
カランタン
イジニー
バイユー
クルイリー
独第7軍
(ドルマン)
独第15軍
(ザルムート)
ビューレ
ヴィール川
オール川
バルロア
ティリ・シュル・スール
カン
0
8km

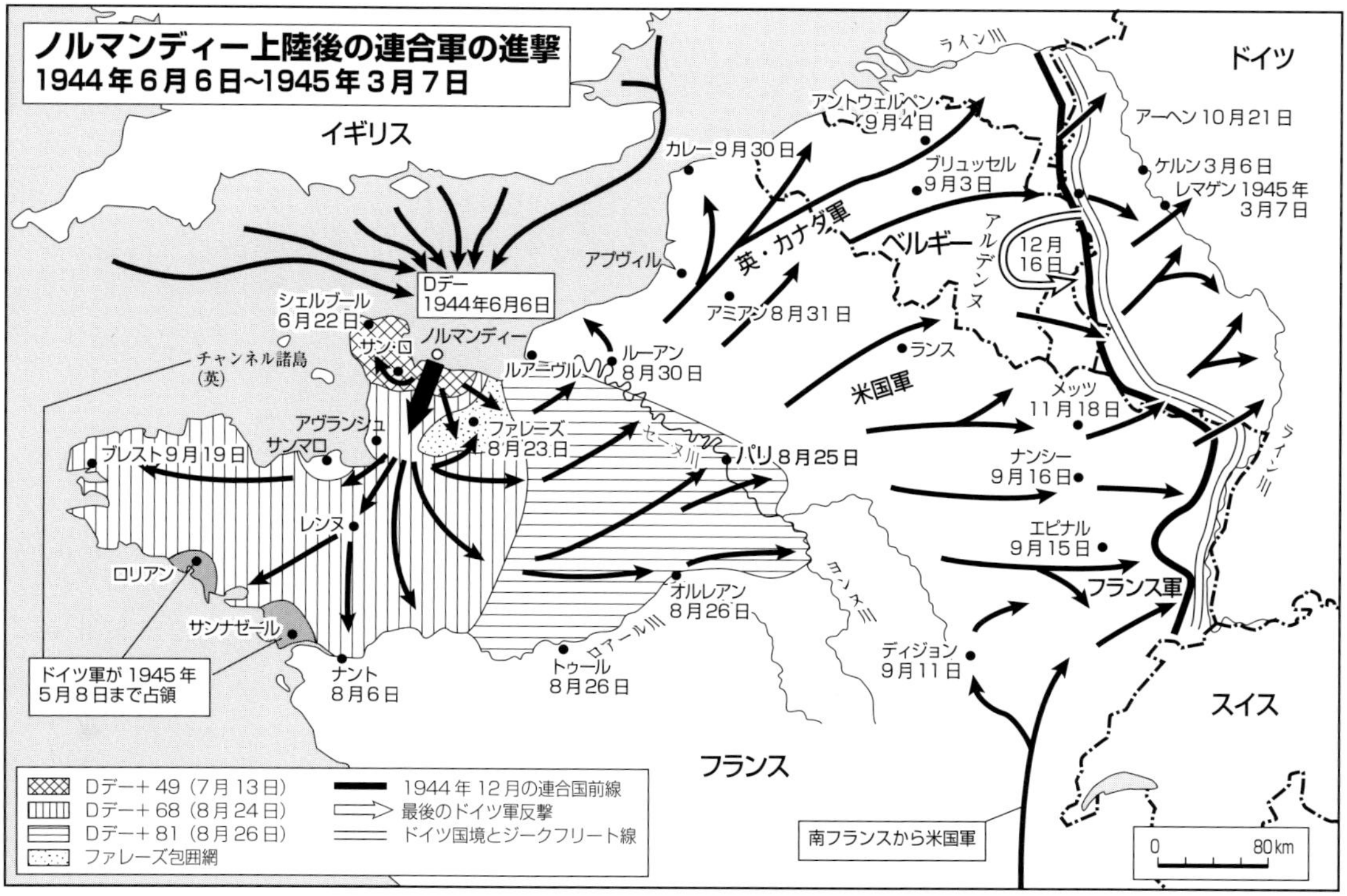
ノルマンディー上陸後の連合軍の進撃
1944年6月6日~1945年3月7日
イギリス
Dデー
1944年6月6日
シェルブール
6月22日
サン・ロ
ノルマンディー
チャンネル諸島
(英)
アヴランシュ
サンマロ
ブレスト9月19日
ファレーズ
8月23日
レンヌ
ロリアン
サンナゼール
ドイツ軍が1945年
5月8日まで占領
ナント
8月6日
ルアーヴル
ルーアン
8月30日
アブヴィル
アミアン8月31日
カレー9月30日
英・カナダ軍
アントウェルペン
9月4日
ブリュッセル
9月3日
ベルギー
アルデンヌ
12月
16日
ランス
米国軍
セーヌ川
パリ8月25日
オルレアン
8月26日
ロアール川
トゥール
8月26日
ヨンヌ川
ディジョン
9月11日
メッツ
11月18日
ナンシー
9月16日
エピナル
9月15日
フランス軍
ライン川
ドイツ
アーヘン10月21日
ケルン3月6日
レマゲン1945年
3月7日
スイス
フランス
南フランスから米国軍
Dデー+49(7月13日)
Dデー+68(8月24日)
Dデー+81(8月26日)
ファレーズ包囲網
1944年12月の連合国前線
最後のドイツ軍反撃
ドイツ国境とジークフリート線
0
80km

とって進撃し、パリをめざしたのである。その米軍の指揮をとったのはパットン将軍で、彼は八月一日にフランスへ入り、第三軍という大きな軍団を指揮した。

一方、英軍の上陸部隊も苦戦していた。当初の最大の目標であるカン地区の戦闘はほぼ一カ月半ののち、戦車二二五両と一〇万人の損害を与えてようやく平定した（七月一九日）。しかし、ドイツ軍はその後方に強固な陣地を敷き（モルタン、アルジャンタンなど）、英軍の進撃を阻止しようとしていた。

すでに七月のはじめにはドイツの西欧軍総指揮官ルントシュテット元帥が、自ら信じる戦術をことごとくヒトラーに拒否されたうえ更迭され、そのヒトラー自身は七月二〇日に会議場（ベルリンのラステンブルクス）に爆弾をしかけられ暗殺されそうになった。ルントシュテットと交代したクルーゲ元帥も、ヒトラーの命令にしたがってやむなく陣地死守を命じていたが、自然の勢いとして退却のやむなきに至った。ヒトラーはクルーゲを罷免したが、クルーゲはヒトラーに対して降伏を勧告する書簡を書いたあと服毒自殺した。クルーゲ自身がヒトラー暗殺計画に加担していたのである。ドイツは前線も中央も混乱の極みに達していた。

連合軍はノルマンディー地区で最後に残ったアルジャンタン一帯への総攻撃をかけた。

出撃前のミサ。

上陸用舟艇に乗りこむ米軍。

北から英軍が、南から（北上しつつある）米軍の一部がル・マンあたりから西に進路を変えて挟撃したのである（八月一五日）。さすがにドイツ軍はたまらず総崩れとなり、五万人を置き去りにして、約一二万人は戦場を脱出して故国へ向かった。

　こうしてようやくノルマンディー地区の戦闘が終わった。

パリ、そしてフランスの解放

　ノルマンディー上陸後の予想外の抵抗を受けて、連合軍の進撃は大幅に遅れた。ベルギー国境沿いのアブヴィル―アミアン―ランス―トロアの線に到達するのは翌年（一九四五年）一月ごろになるだろうと予想された。しかし、実際には八月末には連合軍はその線に達した。ノルマンディー周辺での戦闘以後は、ドイツ軍はほとんどきびすを返してフランスから退却したからである。パリからも実戦部隊はほとんど退いた。一つにはノルマンディーの戦いが終わりを告げるころ、南フランスのツーロン付近に米軍が上陸して北上を開始したことも連合軍の軍事的優勢を確実にした。

　パリは、新任のコルティッツという将軍が守備隊長を命じられた。三万人の各種要員が彼の部下として残っていたが、実戦部隊はほとんど撤退していた。ヒトラーはこの新司令官

左上・ドイツ軍も巨大な大砲で反撃したが……。
左・いよいよ上陸。オマハ海岸以外は激しい抵抗はなかった。

出撃前でも陽気な笑顔でポーズをとる米兵。

上・最大の激戦地となったオマハ海岸。浜辺にたどりついた兵隊には疲労の色が濃い。
下・多くの不手際と軍部内の混乱かかわらず、ノルマンディー地区のドイツ軍の抵抗は激しかった。
左・地中海から南フランスに上陸する米軍。すでにドイツ軍の戦意は衰えつつあった。

に死守とパリの完全破壊を命じていた。
　パリのレジスタンスは八月一九日に蜂起し、次々とドイツ兵と対ドイツ協力者を襲ったが、コルティッツ司令官はレジスタンスが試しに提案した休戦をすなおに受け入れ、降伏した。八月二五日、ルクレール将軍指揮の自由フランス軍機甲師団が最初に入城、つづいてド・ゴール将軍（国民解放フランス委員会代表、のちフランス共和国臨時政府首相兼大統領）も市民の歓呼のなかに市街をパレードした。
　以後の連合軍は、ドイツ軍とほとんど遭遇することなく進撃した。

九月三日　英軍、ブリュッセルを解放
九月四日　英軍、アントウェルペンを解放
九月五日　米軍　スダンでムーズ川渡河
　　　　　カナダ軍　ブーローニュを解放
九月六日　仏軍　スイス国境沿いに展開
九月七日　米軍　アルベール運河沿いに到達。連合軍はセーヌ川からムーズ川に至る線に到達。
九月一〇日　ノルマンディー上陸と南部フランス上陸の仏軍がブルゴーニュで合流。米軍、ルクセンブルクを解放。
九月一一日　米軍の偵察部隊が初めてドイツ国境を突破（ベルギー国境からストルツェンブルク村へ）

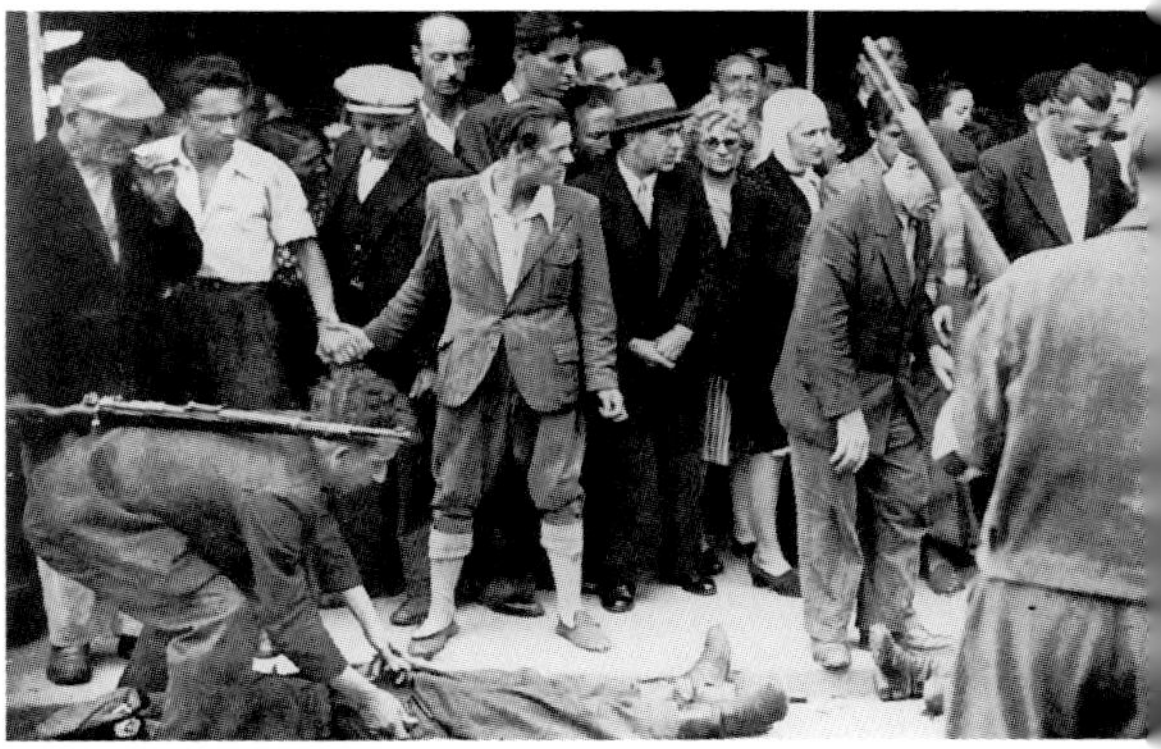

右上・連合軍がパリに近づくと、レジスタンスが公然と闘争を始めた。写真はドイツ兵を射殺したレジスタンス。
上・４年目に解放されたパリ。凱旋門の前で歓呼する市民。
右・イギリスから帰国したド・ゴール（中央右手を挙げている）のパリ市内パレード。

連合軍の新たな作戦と進撃の停滞

フランスとベルギーは解放されたが、いよいよドイツ国内に進撃することになって、連合軍の間では作戦の対立が生じた。イギリスのモントゴメリー将軍は、オランダからルール工業地帯への進撃を説いた。ルールは度重なる爆撃にもかかわらず、依然ドイツ軍の巨大な兵器工場地帯として息づいていたからだ。これに対してアメリカのパットン将軍は全戦線にわたる一斉進撃を主張した。そして、パットンの軍団はザール地方（フランスからドイツに編入され、ドイツを支える重工業地帯）への進撃を始めていた。

アイゼンハワー総司令官は結論を出さなかった。モントゴメリーを一方的に支持すると、作戦の主導権を英軍に奪われるが、強硬に反対するほど悪くない作戦だったからだ。しかし、どの作戦に絞るにしても、それを実現するには解決しなければならない問題があった。

モントゴメリーの案は、未だ解放されていないオランダにどう進撃するかという問題があった。パットンの案を採用するには兵力不足であった。米国内に三〇個師団という大予備軍が控えてはいたが、これをすぐにもってくるわけにはいかなかった。

アイゼンハワーはとりあえずモントゴメリ

ベルギーのアントウェルペン港奪還作戦に対抗して、ドイツ軍はVロケット弾を射ち込んだ。

マーケット・ガーデン作戦。オランダに降下するパラシュート部隊。

Vロケット弾はアントウェルペン市民を無差別に殺傷した。

ーの提起したマーケット・ガーデン作戦を認めた。ウィルヘルミナ運河、ムーズ川、ワール川、ライン川にかかる橋を空挺部隊で急襲して占拠、ベルギー国境から絨毯のような進撃路を造り、ルールへなだれこもうという作戦である。

九月一七日、米英の三個空挺師団一〇〇〇機以上の輸送機と五〇〇機のグライダーが、雲霞のような護衛戦闘機の大群に守られて作戦が開始された。ほとんどうまくいきかけたが、最北のアルンヘム市への降下部隊だけが失敗した。大部分の兵士がライン川の向こう側(ドイツ領)に降下し、米軍も探知できていなかったドイツ軍の大部隊に攻撃された。その空挺部隊はライン川下流にかかる鉄道用と道路用の二つの橋を確保することになっていたが、「遠すぎた橋」となった。約一万人のうち、生還できたのは二三〇〇人という。マーケット・ガーデン作戦は失敗した。

連合軍は、決定的勝利のチャンスをつぶされてしまった。

このあたりから連合軍の進撃は停滞する。ガソリン不足に陥り出したからだ。ガソリンにかぎらず、米軍兵士は毎日、食糧とともに靴下一足などさまざまな雑貨を支給されていた。その前線への補給量は一日二万から二万五〇〇〇トンといわれたが、九月に入ると一日一万二〇〇〇トン程度しか届けられなくなった。ノルマンディーには人工港をいくつも敷設して揚陸に全力をあげていたが、急造の港ではすでに限度となっていたのである。

　そこで浮上したのが、ベルギーのアントウエルペン（アントワープ）港である。その揚陸能力は一日一〇万トン近くもあったから、補給問題は一挙に解決する。同市はすでに解放されていたが、問題は港のその出入口を封鎖している二〇万のドイツ軍だった。

　作戦は一〇月六日に始まり、約一カ月かけて捕虜約五万を得て壊滅させた。しかし、これは連合軍の死傷者一万二〇〇〇人をはじめ大きな犠牲をともなった。そのうえドイツ軍が、アントウェルペン市内にV1号、V2号ロケット弾を集中して、市民の間にも大きな犠牲者が続出した。V1号はスピットファイアー戦闘機が迎撃できる程度のスピードしかなかったが、V2号は音速を超えていた。

　この新型ロケット弾は、ノルマンディー上陸作戦が始まったころから、イギリス本土へ向けて多数発射されていた。連合軍はその発射基地を爆撃してなんとか食い止めようとしたが、全滅させるところまではいかなかった。アントウェルペンに降り注いだロケット弾は

ソ連軍の夏季攻勢　1944年6月～8月

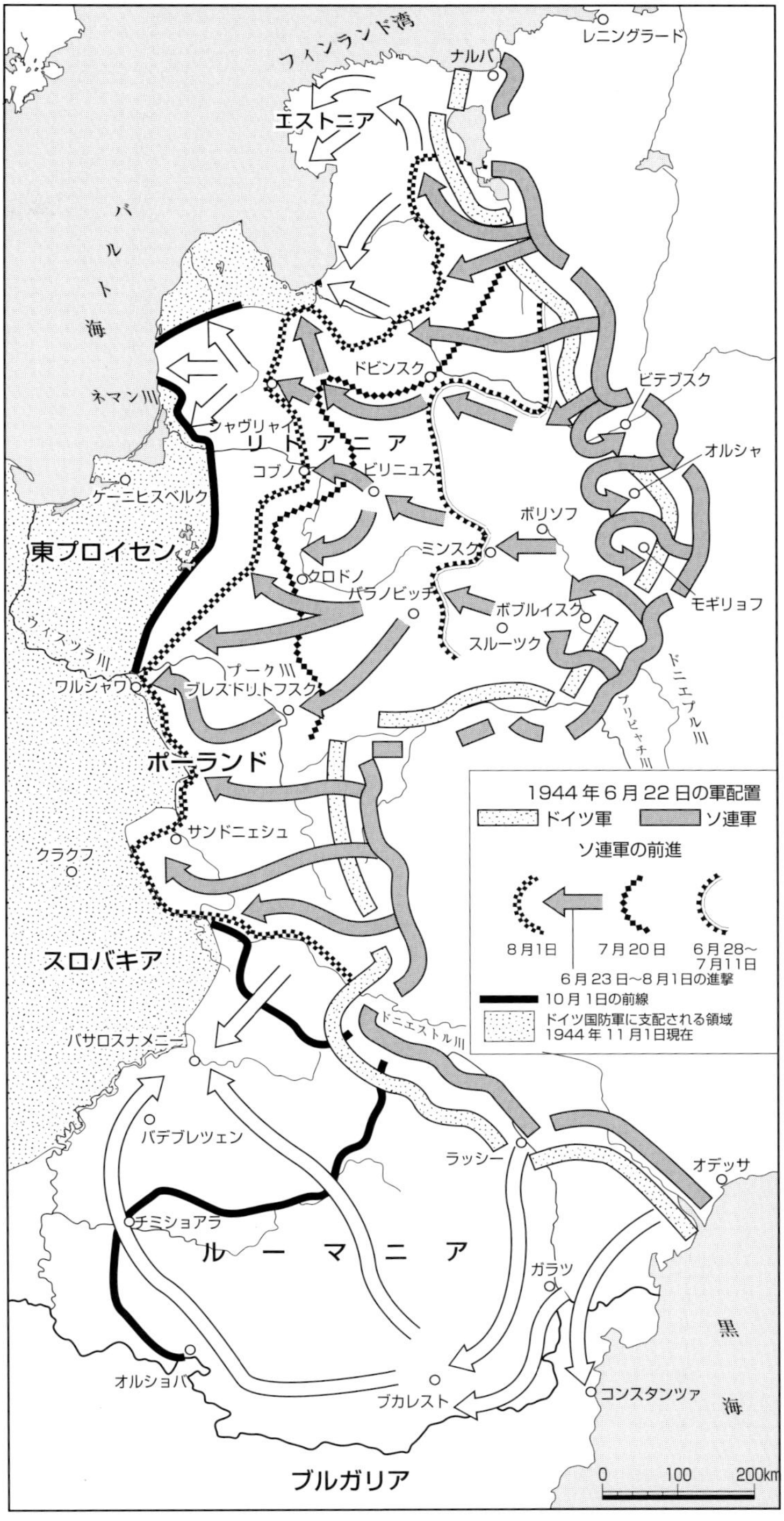

三七〇〇発、死者は一万人にのぼった。あるときは映画館を直撃し、観客約八〇〇人が一度に死亡するという惨劇も起こった。

港はこうして回復したが、補給問題は解決しなかった。ドック労働者のストが長引き、一日わずか一万トンしか揚陸できなかったからである。労働者は、祖国の解放者である連合軍が一面では家庭の破壊者であることに抗議したのである。

東部戦線、ソ連軍の夏季攻勢

ノルマンディー上陸から一六日目の六月二二日、ソ連軍も東部戦線で大反攻を開始した。夏季攻勢と称される。「大祖国戦争」にかけるソ連軍は、この大反攻で完全な主導権を握ろうとしていた。

スターリングラードの戦いからすでに一年半が経過しており、この間、ソ連軍はドイツ軍と大小いくつかの戦闘を経てきた。たとえば、史上最大の戦車戦といわれるクルスクの戦い（一九四三年七月）、ドイツ軍二二万三〇〇〇人のうち八万五〇〇〇人を消滅させたクリミヤ半島のセヴァストポリの解放（同年五月）、九〇〇日にわたったドイツ軍包囲からレニングラードを解放した戦い（一九四四年一月）など、その代表的なものである。

ソ連軍の戦いの大きな特徴は、ウクライナ

クルスクの戦い(1943年7月)。ソ連軍は3カ月かけて400キロ周辺を地雷と大砲と戦車で陣地を固め、ドイツ軍に攻撃させた。戦闘一週間、ドイツ軍は大敗し、以後ソ連軍はどの戦場でも負けなかった。

ドイツ軍最後の5号戦車パンサー。ソ連戦車のT34を上回る性能といわれたが、すでに大量生産・大機甲部隊を編成する余力は、ドイツ軍には残っていなかった。

ソ連軍の夏季攻勢。ノルマンディー上陸作戦に合わせるように開始された。

地方を中心とする約二五万といわれるパルチザンの戦いが並行して行われたことである。パルチザンは、ソ連軍から補給を受け、ドイツ軍に優るとも劣らぬ情け容赦のない、凄惨な戦いに終始し、ドイツ軍のボディを叩きつづけた。

一九四四年六月の時点で、ウクライナからはドイツ軍は一掃されていた。ソ連軍主力の一部はポーランド領に入り、バルバロッサ作戦（一九四一年六月のドイツ軍ソ連侵攻作戦）の出発点となったブレストリトフスク（ワルシャワから約三〇〇キロ）まで五〇キロという地点に到達していた。一方、別の部隊はウクライナからすでにルーマニアへ進攻していた。この部隊はやがて、ブルガリア、ユーゴスラヴィア、ハンガリー、オーストリアと進攻していく。こうした進攻作戦の結果が、戦後のソ連衛星国としての東欧圏を形成するのである。

さて、六月二二日未明、ミンスクを東と北から包みこむように五〇〇キロにわたって陣地を敷いたソ連中央軍集団は、一斉に攻撃を開始した。猛烈な爆撃と砲撃でドイツ軍にはほとんど対抗すべき手段がなかった。もはや当地のドイツ軍には戦闘機が数十機しかなく、空軍はゼロに等しかったからだ。ミンスクは七月三日に奪還された。七月一一日にはドイツに占領されていたソ連領土をすべて回復した。わずか二週間あまりの戦闘で、このソ連中央軍集団の正面にいたドイツ軍二五個師団が全滅、戦死者は四〇万人にものぼった。

ソ連軍は七月末にはワルシャワに迫った。呼応するかのように八月一日、ワルシャワではレジスタンスの一斉蜂起が起こり、ドイツ軍と激しい戦闘を交えたが、ソ連軍はそこで進撃をストップさせた。

すでに戦争は連合軍の勝利に終わることは間違いなく、戦いは大戦終了後のソ連による東欧支配を有利にすすめるための政治の道具にされつつあった。スターリン首相は、蜂起した勢力がソ連との連携を望んではいないと判断したのだ。それならば助けるに及ばない。ソ連軍はワルシャワにおけるポーランド人の戦いを傍観し、見殺しにした。

そのとき日本は……

ノルマンディーの戦いと並行して、太平洋戦線では日本軍が決定的な敗北を重ねていた。マリアナ沖海戦の敗北（1944年6月19日）、サイパンの陥落（同年7月7日）、インパール作戦（ビルマ戦線）の中止（同年7月4日）がそれである。

ガダルカナルの戦いで敗れたあと、日本海軍はほとんど打つ手を失っていた。やっとの思いで再建した機動部隊は、サイパン沖に進出した米機動部隊に文字どおりかすり傷一つ負わせることもできず、味方は航空機と空母の大部分を失って完敗した。

10月20日、米軍はフィリピンのレイテ島へ上陸、その輸送艦艇になぐりこもうとした海軍最後の艦隊（巨艦「大和」「武蔵」をふくむ）は航空攻撃とそれにつづく米艦隊との遭遇戦（レイテ沖海戦やスリガオ海峡の戦い）で大部分が沈没した。「大和」「長門」など残った軍艦も多少はあったが、すでに重油は枯渇し、連合艦隊は事実上消滅した。

サイパン島で保護された住民。日本の民間人は兵隊とともに自決の道を選んだ者が多かった。

朝日新聞

歐洲戰 遂に終了

獨の全軍降伏す

ランス(北佛)の敵司令部で

七日拂曉 無條件調印

沖縄南部の我主陣へ

敵、執拗な滲透策

荒鷲 七日も北飛行場連爆

空母一隻に大損害

沖縄島

ドイツの無条件降伏を伝える1945年５月９日付『朝日新聞』。日本は沖縄戦の真っ最中だった。

第8章

ドイツ、ついに降伏へ

バルジの戦いでドイツ大敗、ヒトラーは自殺、続々と暴かれたホロコースト

ドイツ軍最後の反撃

連合軍はドイツ国内に進撃したものの、ライン川の手前で攻めあぐねていた。戦争には勝つだろうけれども、予定していたようにクリスマス前までに終わらせることはできないという思いが、前線の将兵の気分を重くし、アメリカ国内の非難の声も高まってきた。

そんな沈滞した気分を突然打ち破ったのが、ドイツ軍の新たな攻勢だった。

一九四四年一二月一六日、ドイツ機甲部隊はアルデンヌの森から突然姿を現わし、アメリカ第一軍の歩兵部隊を不意打ちした。ドイツが四年半前の五月一〇日、西ヨーロッパを奇襲したとき、やはりアルデンヌの森から戦車部隊を突進させて、英仏軍を一瞬にして壊滅状態に陥らせた。連合軍はふたたび同じ戦法に混乱させられようとした。連合軍は、ドイツ軍攻勢の徴候をまったく察知できなかった。

この作戦は、ヒトラーが独自に発案し、指揮官や参謀たちの反対を押し切って強行したものだった。当時のドイツ西欧軍司令官は、連合軍がノルマンディー上陸を果たした直後に解任されたルントシュテット元帥がふたたび任命されていた。ルントシュテットは、強力な兵力が残っていればきわめて優れた作戦だが、今では成功したとしても、ドイツ軍の一部が連合軍の防衛ラインを少し突き破り、突出部を作るだけだと批判した。事実はそのとおりになり(ディナン付近)、のちこの作戦は連合軍からはバルジ(突出部)の戦いと言われるようになる。ヒトラーは「ライン川の見張り」作戦と名づけていた。

もちろん、ヒトラーの意図は突出部をつくるのではなく、アメリカ軍の第一軍と第三軍の境界線に割ってはいり、分断し、アントウエルペンをめざそうとしたのである。そこに布陣するイギリス軍の補給路を断ちきり、あわよくばイギリス軍の戦意喪失に乗じて、連合軍からイギリスを脱落させようとの意図を秘めていたとされる。独裁者の、この期におよんでの幻想に等しい作戦ではあった。

ドイツ軍の兵力は二五万人、戦車一〇〇〇両、大砲一九〇〇門、航空機三五〇機である。

バルジの戦い。倒れた戦友のそばで壕を掘る米軍兵士。アルデンヌで。

バルジの戦い。ドイツ軍最後のあがきだった。

航空機には新兵器としてのジェット機八〇機がふくまれていた。最大の弱点はガソリン不足で、結局はこれが攻勢をわずかな日数しか保てなかった原因となる。

最大の激戦地はルクセンブルクとの国境に近いバストーニュで、米軍の三個歩兵師団が包囲された。連合軍はこの作戦で、最終的には七万人以上の損害を出すが（戦死八〇〇〇、行方不明二万一〇〇〇、負傷四万八〇〇〇）、その大部分はバストーニュ包囲戦による。

しかし、結局はドイツ軍の攻勢も一週間ほどしかつづかなかった。一二月二三日、天候が回復した。ただちにP47戦闘爆撃機をはじめとする連合軍の飛行機が戦場の上空を覆った。すでにドイツ軍戦車は燃料切れを起こしており、飛行機は停止した戦車を狙い撃ちし、ドイツ軍は総崩れとなった。一月八日の退却命令のあとも延々と二〇日間ほど戦いはつづいたものの、ドイツ軍の完敗に終わった。一二万が戦死し、一〇万が捕虜となったという。参加兵力二五万の九割近い損害である。

連合軍、ライン川を渡る

ヨーロッパの戦場の特徴は平野をゆったりと流れる川である。東南アジアのように峻険な山脈が自然の国境線をつくり、それがまた自然の要塞となっている例は少ない。

ドイツにとっては、その中央部を守ってくれるのは、西側にあってはライン川であり、東側を守ってくれるのはオーデル・ナイセ川である。

米英連合軍はライン川をいかにして渡るかに苦心した。すべての橋が破壊されている。対岸のドイツ軍を制圧しつつ、ゴムボートや鉄舟の上に鉄板を渡しただけの野戦橋をつくり、数十万という軍勢を一挙に渡河させなければならない。

その主要な作戦は、オランダ方向からルー

アメリカ第一〇一空挺師団臨時司令官マッコーリフ准将。バストーニュで包囲された部隊の一つで、降伏勧告使者に対する返書に「ナッツ！（アホ）」と書き記したという。

ル地方へ向けて準備された。ラインの川幅は折からの増水で五〇〇メートルほどあった。指揮官モントゴメリーは、綿密な計画のもとに着々と準備を進めていたが、偶然にもその上流で米軍四個師団ほどが早々とライン川を渡ってしまった。

すなわち、ボンから少し南東に下がったあたり、レーマーゲンのルーデンドルフ橋がそれである。正面にいたのはブラッドレー将軍の指揮下にある米第一軍で、無傷の橋を偵察隊が発見した。ドイツ軍爆破班がまさに橋を爆破させようとしていたときで、爆発は起こったが、橋は無事に残ったのだった。三月七日、四個師団ほどが橋を渡り、はじめてラインの向こう側に橋頭堡を築いた。

しかし、これほどの広大な戦線になると、偶然によって一部の部隊が渡河しても、戦局を大きく変えるということにはならない。実際に、レーマーゲンの渡河部隊も、そのままドイツの奥深く進撃するわけにはいかなかった。付近のドイツ軍が集まってきて、反撃したからである。

もっとも、ヒトラーの反応は違った。無傷で橋を渡した罪で、現地部隊の将校五人に死刑判決を命じたうえ（四人執行）、西欧軍総司令官ルントシュテット元帥まで解任してしまった。

後任はケッセルリング元帥（イタリア戦線の最高指揮官だった）だったが、ヒトラーは連合軍のノルマンディー上陸以来、八カ月の間に司令官を四回更迭（一人は自殺）したことになる。中隊長（二、三〇〇人の部隊長）を取り替えるほどの手軽さで、一〇〇万人以上の軍団の指揮官をつぎつぎにすげかえた。

三月二三日、対岸のルール工業地帯に対する二週間にわたる事前爆撃を終えて、一〇〇万にのぼる連合軍のライン渡河が開始された。それはラインベルクからリースにいたる三十数キロの戦線の一〇カ所の地点である。チャーチル首相はモントゴメリー将軍のそばでその進行ぶりをながめていたし、最高司令官アイゼンハワー元帥（前年一二月昇進）も砂嚢を積み上げた高台の一軒家から見守っていた。

翌二四日には空挺部隊（一万四〇〇〇人）がドイツ軍陣地の背後に降下した。輸送機一五〇〇機、グライダー一三〇〇機、護衛戦闘機三〇〇〇機という。ドイツ軍一〇万は一一〇キロと八〇キロの環の中に包囲された。

いよいよドイツ軍は敗走を始めた。ドイツ軍だけでなく、行政機関が業務をストップし、いたるところで無秩序と混乱が起こった。連合軍の後続部隊が住民の保護にあたったが、「冬でなくてよかった」と胸をなでおろしたそうだ。

占領地の行政機関が業務を放棄したのもやむをえない。なぜなら、ヒトラーは連合軍のライン渡河が始まる直前（三月一九日）、「ドイツ国内の徹底的破壊」とその地区からの住民の立ち退きを命じていたからだ。破壊対象は輸送機関、ダム、ガス・電気網、鉱山、産業施設、被服工場、食糧倉庫など、あらゆる分野にわたっていた。連合軍に使用させないというよりは、「敗戦は卑怯と無能の証であり、ドイツ国民は生き延びるに値しない」とするヒトラー独特の価値観からなのだった。軍需大臣アルベルト・シュペーアは破壊命令に抵抗した。そのため危うく首になりかけたが、参謀総長となっていたグデーリアンらとともに対象を減らし、自らの手による破壊を極力押さえるようにつとめたという。

ライン渡河が成功して間もなく（三月二八日）、アイゼンハワー最高司令官はスターリン

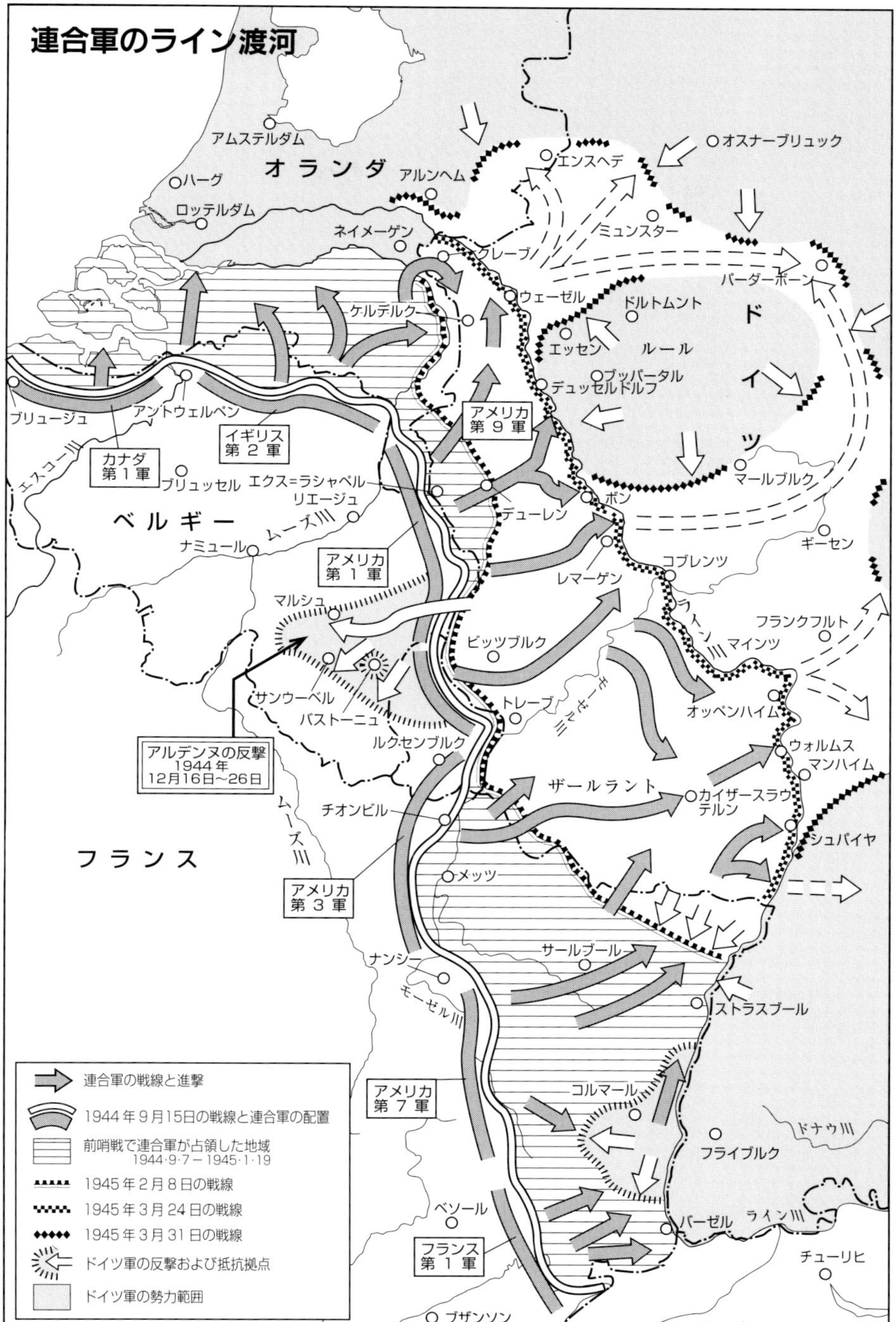

首相にメモを送った。その要旨は、
「連合軍はベルリンへは進撃せず、主力はエアフルト→ライプツィヒ→ドレスデンへ向かい、エルベ川付近で合流したい。他の部隊はレーゲンスブルク（ナチス発祥の地であるバイエルン地方）→リンツ（現在はオーストリア領。当時はドイツ領）へ向かい、ウィーンへ向かいつつあるソ連軍と合流したい」
というものであった。すでに爆撃で荒廃しているベルリン占領は戦術的に無意味であり、その占領は六〇キロ手前まで迫っているソ連軍にまかせ、三〇〇キロも離れている連合軍がわざわざ出かけることはない。米英連合軍はエルベ川で進撃をとめるのが妥当だ。チャーチル首相にもルーズヴェルト大統領にも相談するまでもない当然の戦術と、アイゼンハワーは考えたのだった。

「ベルリン放棄」にチャーチル首相は猛然と反対したが、アメリカの参謀総長マーシャル大将が支持したので、結局はアイゼンハワーの考え通りに進められた。ルーズヴェルト大統領（前年一一月四選）は不満だったようだが、すでに病状重くそれを伝えるだけの気力はなかったし（間もなく、四月一二日死去）、チャーチル首相も最高司令官の決定を覆すには、五年近い戦争で疲れていたのだ。

ヤルタ会談の連合国３首脳。左からチャーチル英首相、ルーズヴェルト米大統領、スターリン「ソ連」首相。ドイツの無条件降伏を確認するとともに、戦後の英米仏ソによる４カ国分割統治、国際連合の設立のための国際会議の招集、ドイツ降伏後のソ連の対日参戦とその見返りとしての南樺太・千島列島引き渡しなどを認めた「ヤルタ秘密協定」などを決定。北方領土問題として現在でも日ソ平和条約の最大の障害となっている問題の芽がここで発生した。

ナチス・ドイツの終末

では、ソ連軍のベルリン攻撃はどのように行われたのだろうか。

ベルリンに進撃する前に、ソ連はポーランドのドイツ軍を駆逐しなければならなかった。動員された兵力は六〇〇万という膨大なものである。ソ連軍はバルト海からカルパティア山脈（チェコスロバキアとポーランド国境）にいたる南北一〇〇〇キロにわたって布陣し、一九四五年一月一二日から進撃を開始した。すぐ手前に攻略の対象となるケーニヒスベルク、ワルシャワ、クラクフなどがあった。

そのなかでワルシャワは、前年八月以来のワルシャワ戦で市民二〇万人が死亡し、八〇万人が強制移住させられ、廃墟となっていた。そうなるまで、ソ連軍は進撃を止めていたのであり、占領後（一月一七日）にルブリン政権（ルブリンは東部ポーランドの地名）と称される共産党政権を樹立した。ソ連軍の進攻は、ポーランドにかぎらずバルカン諸国でも親ソ的共産党政権の強引な樹立を伴っていたのである。

一方、ソ連のポーランド占領によって、数多くの強制収容所やユダヤ人絶滅施設の実態がつぎつぎに暴かれた。政治犯もふくめ三六万人が犠牲となったルブリン付近のマイダネク収容所は、（一月一二日の）再開されたソ連進攻以前の一九四四年六月二二日に解放されていた。進攻が再開された直後の一月二五日、グダニスク（ドイツ名ダンツィヒ）のシュツッ

右上・ライン川の渡河。これは鉄舟の上に鉄板を渡している。
上・ライン渡河作戦。ドイツ軍の背後に降下する空挺部隊。
右・破壊されたルールの工場を乗り越えて進撃する連合軍。ルールはヨーロッパ最大の鉱工業地帯で、その中心はエッセンである。

トホース収容所(三四の支所をふくむ。犠牲者六万五〇〇〇人)が、次いで二七日にはアウシュビッツ(ポーランド名はオシヴェンチム)と付属のビルケナウが解放された。アウシュビッツでは約四〇〇万人のユダヤ人がガス室(サイクロンすなわちシアン化水素ガスと一酸化炭素による)に送られ惨殺されたが、その全貌が明らかになるにはしばらく時間が必要だった。

ユダヤ人絶滅施設はほとんどポーランドに設置されていたので、その解放は必然的にソ連軍の手にゆだねられていた。右の三カ所の絶滅施設のほか、ベルゼック(犠牲者約六〇万人)、ケルムノ(ユダヤ人のほか、ポーランド人、その他の外国人もふくめ犠牲者約三四万人)、ソビボール(犠牲者約三〇万人)、トレブリンカ(ユダヤ人のほか相当数のポーランド人をふくみ、犠牲者約七五万人)が相次いで解放された。ナチスによるおそるべきホロコースト(大量虐殺)のニュースが、ヨーロッパ社会に大きな衝撃を与えつつあった。

西からドイツ国内に進撃した米英連合軍も、多くの強制収容所を解放し、餓死と虐待による死体の山をいくつも発見しつつあった。ノイエンガム、ベルゲン・ベルゼン、ザクセンハウス、グロスローゼン、ノルトハウゼン、ブーヘンバルト、フロッセンブルク、ナッツバイラー、ダッハウなどだが、ポーランドにおいてナチス・ドイツが行ったホロコーストは、単なる「強制収容所」の虐待と虐殺がかすんでみえるほど、大規模かつ計画的なものだった。

ポーランドからはドイツ軍のみならず、ポーランド人を追い出して移住していたドイツ人が、一斉に故国をめざして避難を始めていた。ポーランド人とロシア人の仮借なき報復が始まっていたからだ。シュレジエン地方（チエコスロバキア、ドイツ、ポーランド国境地帯）からは、三〇〇万人にのぼる移民ドイツ人がとりあえずドレスデンをめざしていた。

そのドレスデンを二月一三日深更から一四日早朝にかけて、イギリス空軍ランカスター爆撃機二四九機が襲い、市街地を火の海とした。死者一三万五〇〇〇人のうち九万五〇〇〇人はシュレジエン地方からの避難民と推定されている。ドレスデンにはすでに五〇万人の避難民が流れこんでいたのである。ほぼ一カ月後、東京はB29約三〇〇機の空襲を受け、約一〇万人が焼死したが、ドレスデン空襲はそれを上回った。

四月一二日（一九四五年）、アメリカのルーズヴェルト大統領が死去し、トルーマン副大統領が昇格した。スチムソン陸軍長官から「想像もつかぬ破壊力を持つ爆弾（原子爆弾）」を開発中であると聞かされた新大統領は、呆然としたそうだ。二〇万ドルの巨額が投入され、一〇万人が目的も知らされずに従事していた

瓦礫のベルリン市内を視察するヒトラー。

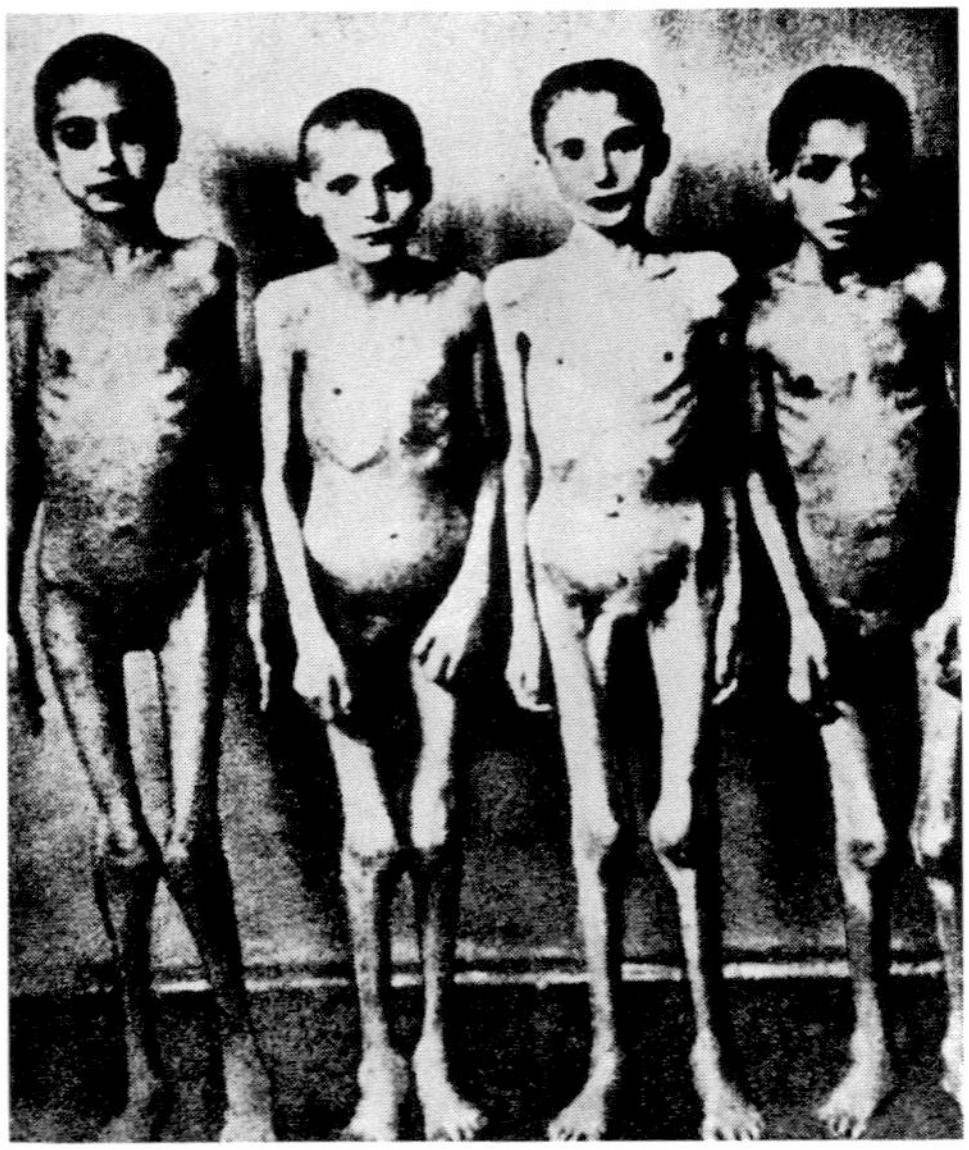

右上・ナチス・ドイツは、アウシュビッツに到着したユダヤ人を、すぐガス室に送りこむ者と、しばらくは強制労働に従事させたあと殺害する者とに選別した。
右・ナチス・ドイツは、ユダヤ人を生きたままさまざまな「医学的実験」にさらした。子供も例外ではなかった。

ドイツ・ザクセン州ブーヘンバルトの強制収容所で遺体をかたづけるアメリカ軍部隊。遺体は骸骨さながらにやせ細っていた。

ノルトハウゼンの強制収容所では、奴隷労働の末、飢えと殴打によって殺害した死体を並べてあった。3000体はあったという。ノルトハウゼンはライプツィヒの西約130キロ。

ベルリン市内を見下ろすソ連国旗。

「マンハッタン計画」は、副大統領にも知らされていなかった秘密の国家プロジェクトだったのである。

四月一五日、イギリス空軍が最後となったベルリン空襲を実施した。ベルリンにも避難民一五〇万人が流入しており、人口は三〇〇万人にふくらんでいた。

すでにオーデル川を渡っていたソ連軍は、兵力二五〇万人、四万二〇〇〇門の大砲、六三〇〇両の戦車と車両、八四〇〇機の飛行機をベルリン攻撃のために集中していた。総司令官ジューコフ元帥は次のように布告したそうだ。曰く、「ソ連軍兵士諸君、復讐せよ！ドイツ人の子や孫にいたるまで、きみたちのことを思っただけでも震えだすような振る舞いをせよ！　ドイツの虫けらに属するものはすべて、きみたちの意のままだ。ソ連軍兵士諸君、憐憫の情などには目を閉じよ！」と。

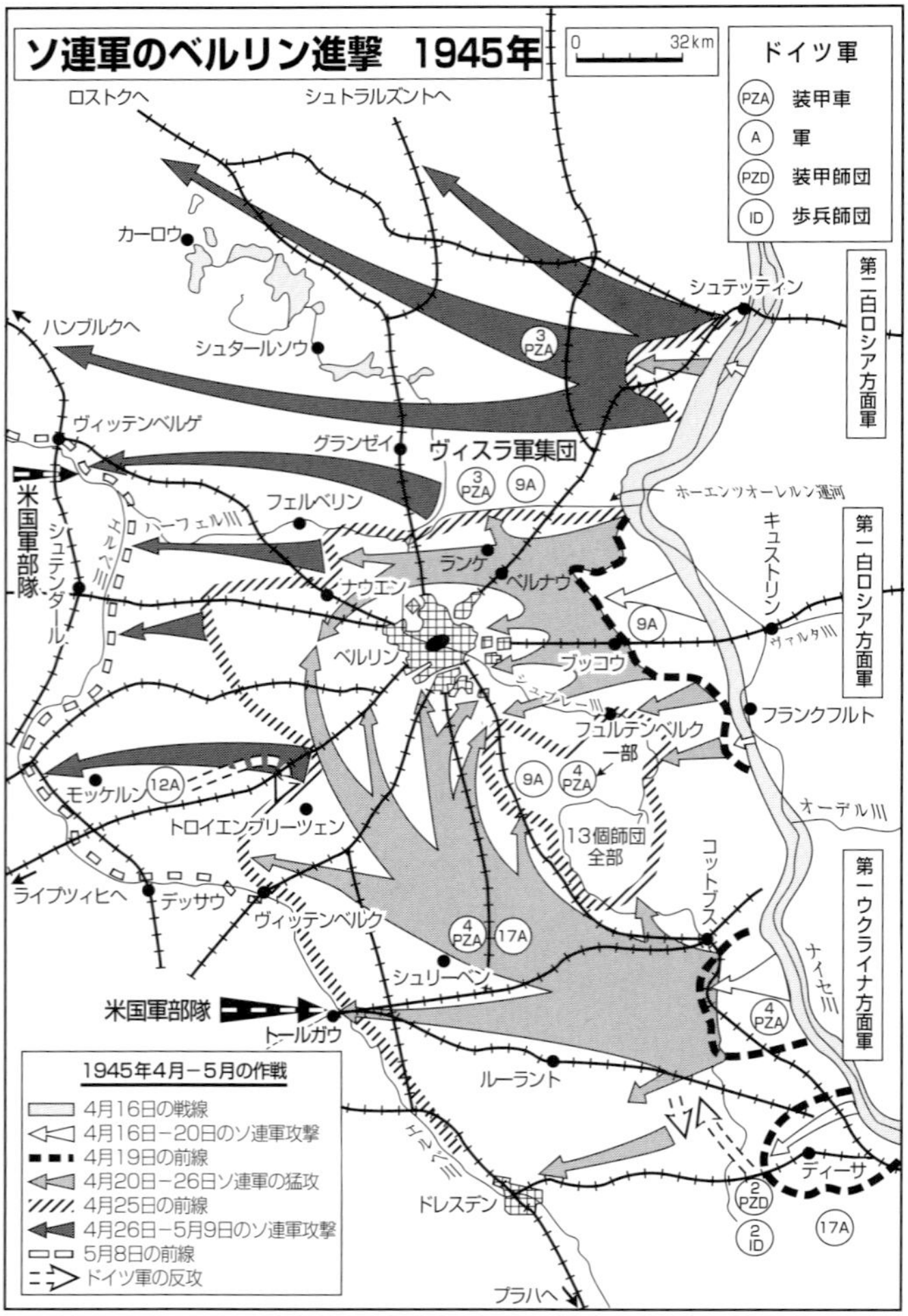

四月一六日午前三時、二万三〇〇〇門の大砲が咆吼し、最後の進撃が始まった。二一日はソ連軍最初の砲弾がベルリンへ撃ち込まれ、二四日にはベルリンを包囲した。市内では、ヒトラー・ユーゲント（ナチス青年団）、ドイツ少女連盟、国民突撃隊の老兵も混じって、形だけ残っていた三〇個師団が待ち受けていたが、すでに敗北は明らかだった。

二七日から総攻撃を始め、二八日は休憩、二九日から攻撃を再開した。四月三〇日、ヒトラーは大本営の防空壕のなかで愛人エヴァと正式に結婚し、その直後に両人とも自殺した。もう一人の独裁者イタリアのムッソリーニは、二日前の二八日、パルチザンに捕らえられ銃殺されたうえ、ミラノ市で情婦・クララ・ペタッチとともに逆さ吊りにされていた。

ヒトラーは自決直前、総統と首相の地位を海軍元帥デーニッツへ譲っていた。デーニッツはただちに降伏交渉を始めた。デーニッツはすでにエルベ川西岸に到達していた米英連合軍の管理地域にできるだけ部隊の多くを移動させようとしていた。あまりにもすさまじいソ連軍の報復に恐れをなしたのである。しかし、アイゼンハワーはエルベ川を渡るルートを閉鎖し、即時、無条件降伏を要求した。デーニッツ内閣は五月七日、パリから東北東一三〇キロのマルヌ県ランスで連合軍に無条件降伏した（効力は九日午前零時一分から）。次いで九日、ベルリンで二回目の降伏文書に調印した。七日の調印式にはソ連軍の連絡部隊司令官も同席していたのだが、首都ベルリンを陥落させたソ連軍の面子にかけて、スターリン首相が強引にセットしたセレモニーだった。

1945年５月７日、ランスにおけるドイツの無条件降伏調印。調印者は政府を代表してヨードル陸軍元帥（後ろ向き中央）。ヨードルは開戦時の国防軍最高司令部の参謀長で、終始ヒトラーの重要な幕僚だった。

そのとき日本は……

米軍のレイテ島上陸（1944年10月）まもなく、連合艦隊は壊滅した（レイテ海戦）。日本軍はレイテ、ルソンの各島で抵抗をつづけるとともに、航空機による特別攻撃隊が米軍艦船に体当たり攻撃を始めた。特攻は以後、陸海軍航空部隊の常用戦法となった。ルソン島を制圧した米軍は、1945年２月、硫黄島に上陸し、小笠原兵団２万と死闘を演じ、兵団は玉砕した。その目的がサイパン、グアムからのＢ29爆撃機による日本本土爆撃の中継基地にあったように、東京をはじめ主要都市は焼夷弾による無差別空襲にさらされ、またたくまに焦土と化した。４月１日、米軍は沖縄に上陸、日本陸軍第32軍（約８万6000人）が持久戦にもちこむなか、連日にわたって特攻機が九州各地から出撃し、米艦船に体当たりを繰り返す絶望的な戦いをつづけていた。「盟邦」ドイツの降伏はその最中のことである。

焼け野原となった東京下町一帯。中央に焼け残った旧国技館が見える。撮影は戦後。

第9章

日本降伏、大戦終わる

特攻に賭け、本土決戦を覚悟したが、原爆とソ連侵攻で、ついにポツダム宣言受諾

朝日新聞

戰爭終結の大詔渙發さる

新爆彈の慘害に大御心
帝國、四國宣言を受諾
畏し、萬世の爲太平を開く

詔書

必ず國威を恢弘
聖斷下る途は一つ
信義を世界に失ふ勿れ
内閣告諭

1945年8月15日付『朝日新聞』。日本の壊滅直前に決断がくだされた。

沖縄の戦いと特攻

ドイツが無条件降伏したとき(一九四五年五月七日)、日本は沖縄で米軍(四月一日上陸)と戦っていた。

地上では第三二軍が、沖縄県民の熱誠あふれる協力を得て死に物狂いで抵抗していたが、五月に入ると軍司令部が置かれていた首里一帯が重点的に攻撃を受けるようになった。

海上ではすでに四月七日、世界最大の軍艦「大和」が撃沈された。沖縄本島を取りまく米艦船群を砲撃する目的で瀬戸内海から出撃したが、坊津(鹿児島県)沖合いで三八六機もの米軍艦載機の集中攻撃を受けたのである。

もともと、戦闘機の護衛がつかない(作戦可能な空母がすべてなくなっていた)「大和」(と軽巡一隻、駆逐艦八隻)が沖縄に行き着く可能性はゼロに等しかった。だから最初は、この艦隊の司令長官伊藤整一中将は、出撃命令に素直に従おうとしなかった。ふつうはあり得ない話である。

ところが、かつて伊藤の部下でもあった連合艦隊参謀が「一億総特攻のさきがけになってもらいたい」と意を決したように頭を下げると、一転、「わかった」と了承したのだった。ただちに「大和」とともに出撃する各艦の艦長や参謀が集められ、作戦内容の説明と出撃の「要請」があった。ふつうは命令すればすむところを「説明会」を開かなければならなかったところに、「大和」出撃の合理性と必然性がいかに乏しかったか想像できよう。

艦長も参謀も口々に反対意見を表明した。しかしそれも、最後に伊藤長官が「われわれは死に場所を与えられたのだ」と述べた瞬間、一切の異論が引っこめられた。彼らはすべて、来るべき本土決戦で押し寄せる米艦隊と刺し違える覚悟で生きていたが、刺し違え覚悟でこちらから押し寄せることには何ら異論はないのだった。

このように、日本にとってはもう軍事的勝利をどうこういう段階を過ぎていた。敗北は覚悟のうえだが、降伏はあり得ない話だったのである。

沖縄を取りまく米艦船や米機動部隊(空母艦隊)の一隻でも撃沈しようと、三月末から始ま

っていた沖縄航空特攻（鹿児島など九州各地から発進）も、ドイツが降伏した五月はじめまでに約一五〇〇人の特攻戦死者を積み重ねていた。特攻機は出撃するたびに、戦闘機部隊に待ち伏せされ、撃墜されることのほうが多かった。運良く敵艦を発見してもそれは本隊の犠牲となるべく前方に配置されている駆逐艦（二〇〇〇トンから三〇〇〇トンぐらいまでの小さな戦闘艦）だったりした。

それでもたまには大型空母に体当たりする機会がなかったわけではない。たとえば五月一一日（ドイツ降伏の四日後）の特攻では、戦闘機「零戦」一機と爆撃機「彗星」一機が、大型空母「バンカーヒル」の激しい対空砲火の嵐をくぐりぬけ、奇跡的に体当たりした。爆発で四〇〇名以上が戦死し、「バンカーヒル」はもうもうたる黒煙に包まれた。同空母はその後二度と戦場には出られなかったので、ちょっと誇張して言えば撃沈と同じ戦果をあげたのだった。

上・世界最大の戦艦「大和」。長さは263メートルもあった。
下は、「大和」が大爆発を起こして沈没する瞬間。

翌々日、米機動部隊は報復の念に燃えて約九二〇機を出撃させ、九州各地の飛行場、都市、交通機関など手当たり次第に爆撃した。

これに対して、日本軍は「義烈空挺隊」という特殊な特攻部隊を沖縄の読谷飛行場に向けて発進させた。飛行場に強行着陸して、駐機している飛行機に爆薬をしかけ、破壊する特攻隊である。

最初はサイパンまで突進して日本本土を爆撃しつつあったB29を地上で爆破するために訓練をつづけていたが、出撃のタイミングを失していたのだ。だが、沖縄へ向かった八機のうち七機が着陸前に撃ち落とされ、一機だけ着陸したものの全員が戦死した。

このような死闘も、六月末にはほぼ終わった。沖縄の地上部隊は降伏こそしなかったものの、軍司令官牛島満中将と参謀長長勇中将の割腹自決（六月二三日）で事実上、幕を下ろした。戦死六万五〇〇〇人、県民の死者約一〇万人だった。アメリカの沖縄占領は二七年間つづいた。周知のように、広大な米軍基地は時代とともに意味あいに変遷を重ねたとはいえ、今でも存続している。

本土決戦準備と一億特攻

「大和」が沈没した四月七日、鈴木貫太郎内閣が成立した。降伏という言葉こそ使われなかったが、「終戦」を考える条件で入閣したのが東郷茂徳外務大臣と米内光政海軍大臣だった。鈴木首相自身、「本内閣は大東亜戦争における最終内閣たらしめる」と言明したが、一般的には勝利を目指す強力内閣を自負するものと受け取られた。

日本が、やがては米軍が本土に上陸作戦を敢行するであろうとの見通しのもとに、本土決戦の具体的な準備にはいったのは、フィリピン防衛戦（日本軍戦死五〇万人）の敗北がほぼはっきりしてきた一九四五年一月からである。その後の硫黄島の戦い（日本軍戦死二万人）と沖縄戦の敗北で、いよいよその時期が差し迫ってきたことを感じさせた。

フィリピン戦につづいて沖縄戦でも航空特攻という非常手段がとられたものの、必ずしもすべての戦力を投入するという戦い方ではなかった。とくに陸軍にその傾向が強かった。本土決戦に備え兵力の温存を図ったのである

攻撃を手控えるのは本土空襲に対しても同様だった。そもそも、八〇〇〇メートルから一万メートルの上空に侵入するB29爆撃機には、高射砲弾は届かなかったし、戦闘機もそんな高いところでは攻撃できなかった。最後の手段として、陸軍航空の特攻部隊が編成された。特攻機による体当たりによって五〇機前後のB29を撃墜したと推定される。体当たりしたあと生還したパイロットも一、二では

出撃の準備にも笑顔を見せる特攻隊員。

特攻機２機に体当たりされ、もうもうと黒煙を吹き上げる大型空母「バンカーヒル」。

読谷飛行場に突っ込んだ義烈空挺隊の最期。

ない。正面からぶつかるのではなく、追いすがって翼の一端にでも接触するという体当りなら、自分の戦闘機も粉々になることはなく、パラシュートで脱出する僥倖もあったらしい。そういう激しい迎撃も、時間の経緯とともに抑制されつつあった。

このように戦いが進んでいるなか、終戦を目指すとはいえ、独裁者でもない鈴木首相に既定の大戦略を一気にひっくり返せるはずがない。そのうえ、降伏以外の終戦はあり得ないと、首相自身がはっきり自覚していたかどうか怪しい。本土決戦で最後の「一大打撃」を与えて、多少とも有利な和平をめざすというところがせいぜいのところだった。

その証拠に、六月八日、天皇が臨席する最高戦争指導会議（いわゆる御前会議）で本土決戦を正式に決めてしまった。参謀長代理として出席した次長の河辺虎四郎中将は、天皇に対して「洋上、水際、陸上いたるところで、全軍をあげて刺し違えの戦法をもって臨み」敵を排除殲滅《せんめつ》するまでがんばれば「必ずや勝利を得るものと確信している」と決意を述べた。本土に配置されている全軍とは、約一六〇万人の兵力である。このほかに国民義勇軍という別働隊が組織されつつあった。

「どんな構想の作戦で戦おうとするか、選択の余地などあろうはずがない。航空全機特攻、水上、水中すべて特攻、戦車に対して特攻、地上戦闘だけが特攻を避けられようといわれはない。頼むは『石に立つ矢』の念力のみ。恐るべきは自己の内心にきざす疑念だ、将兵の内心にわだかまる精神の動揺だ」

参謀本部（陸軍の作戦本部）の作戦部長宮崎周一中将は、そんな心境で本土決戦を迎えようとしていた。

全国の上陸予想地点の水際に配置された各部隊は、爆雷を背中にくくりつけ、上陸してくる戦車の底に身を挺してもぐりこむ訓練に余念がなかった。そうやって上陸部隊を海岸で食い止めているうちに、少し背後に隠れ潜

朝日新聞
けふ中に親任式
まづ陸海の協力要請
戦時下、最終内閣を決意
組閣工作順調に進捗
栗林中将、大将に進級
市丸海軍少将、中将に
阿南大将
相次い
今朝より

上・日本の主要都市を焦土化した空の超要塞B29爆撃機。サイパン→東京を休まずに往復できた。アメリカはこの爆撃機の開発に、原爆開発より多額の30億ドルをかけた。右・「戦時下、最終内閣を決意」と見出しをつけ鈴木内閣の組閣の進行を報じる。1945年4月7日付『朝日新聞』。

硫黄島の戦い。上はアメリカ海兵隊員、左上は守備軍の日本兵。日本兵は火焔放射器で焼かれた。
左・沖縄の戦い。アメリカ戦車部隊に追いつめられる日本軍。

んでいる戦車部隊がかけつけて、これまた体当たりするてはずになっていた。戦車そのものはたいして強力ではなかったが……。

特攻隊の創始者ではないが、特攻隊をフィリピンで初めて出撃させた大西瀧治郎中将(当時は軍令部のナンバー・ツーである次長。軍令部は海軍の作戦本部)は、本土決戦で二〇〇〇万も日本人が死ねば米軍も恐れをなして、日本から去っていくかもしれないと計算していたふしがある。当時の本土人口は七〇〇〇万人だから三人強に一人である。

日本の盟友ヒトラーがポーランドやソ連に対して抱いていたように、米英が日本人の何割かを抹殺し、残りを奴隷的状態におとしめる計画を抱いていることがはっきりしていたならば、考えるまでもなく何千万人死のうがやりとげなければならなかった。

古代の戦争がそうだった。降伏は奴隷になることだった。それが嫌なら、全国民が死ぬまで戦うしかない。鈴木首相が「カルタゴにするかねぇ、カルタゴになるかねぇ」と側近につぶやいたのは、降伏の代償がどんなものであるか、想像できたからであろう。

鈴木首相は、ヒトラーに降伏させられた国がどんなにむごい仕打ちを受けてきたか、情報として多少は知っていたはずだ。日本はそのヒトラーと軍事同盟を結び、米英に戦いを挑んでいたのだ。軍事的に追いつめられたか

「石に立つ矢」の信念で、竹槍訓練に励む民間人。竹槍では勝てぬと新聞に書いた記者が懲罰召集を受けたのは、サイパン陥落（1944年７月）以前のことだった。

沖縄の戦い。ガマ（一族の墓。内部が洞窟のように広い）にたてこもった日本兵を狙う米軍。

沖縄の戦い。それは民家の軒先で戦われた。

らといって、おめおめと降伏しようものなら、いかなる報復を覚悟しなければならないか、想像を絶するものがあったに違いない。

　米英に降伏するということは中国に対しても降伏することを意味する。侵略された中国が日本に対する報復を要求しないわけがない。あるいはまた、降伏が自動的に植民地朝鮮の放棄を意味することは当然であり、そうなるとどんな報復的要求が出されるか、想像もできない。何しろ四〇年近くにわたって多くの土地、財産、生命を奪ってきたのみならず、彼らから言葉を奪い、姓名すら日本人と同じように変えさせたぐらいなのだから。

　占領軍の中に中国軍や朝鮮のパルチザンが入ってくる可能性を考えるとき、指導者は身震いするような恐怖に襲われたであろう。

　そうしたなかで、鈴木首相はソ連を仲介とする和平をさぐるため近衛文麿元首相のモスクワ派遣を申し入れたが（七月一三日）、すげなく断られた（同一八日）。ソ連の対日参戦は間近に迫っており、「降伏したいから米英に取り次いでほしい」と単刀直入に言わない限り、問題とされない段階に入っていた。実際はそう申し入れても、相手にされなかったかもしれない。なぜなら、ソ連は参戦の代償として、南樺太や千島列島の接収や、満州の一部を獲得する約束を米英からとりつけていたからだ。

ポツダム宣言を通告

七月二六日、米英中の三国がポツダム対日宣言、つまり降伏勧告を発表した。ポツダムはベルリン近郊の町の名で、連合軍首脳はそこで主として戦後のドイツ問題を討議する会議を開いたのである。ついでに、日本に対する降伏勧告宣言も作成した。

宣言は冒頭で「日本に戦争を終結する機会を与える」と述べている。「終結する機会」とは「降伏する機会」という意味である。いわゆる「和平の提案」といった生やさしいものではない。彼らは宣言の中で、日本国土を完全に破壊するほどの軍事力を集結していると述べているのだ。

河辺虎四郎陸軍中将。本土決戦は全軍刺し違えの覚悟でと、天皇に説明した。ポツダム宣言が出される前である。

ポツダム会議の3首脳。左からチャーチル英首相、トルーマン米大統領、スターリン「ソ連」首相。

これもポツダム会談の3首脳。総選挙で保守党が敗れ、労働党のアトリー首相がチャーチルと交代して会議をすすめた。

そして、降伏後の日本に対して次のような措置をとることを通告した。すなわち、軍国主義勢力の一掃、占領軍の駐留、朝鮮の独立、かつて中国領土だったすべての地域（満州国、台湾、関東州つまり旅順や大連などがある地域を指す）の返還、日本軍の無条件降伏、軍隊の武装解除と復員、戦争犯罪人の処罰、民主主義（言論・宗教・思想の自由・基本的人権の尊重）の確立、軍需産業の排除などである。そして最後に、「右以外の日本国の選択は迅速かつ十分な壊滅あるのみ」とした。つまり、これらの条件を「無条件で受け入れること」を要求したのである。

だが、こんな降伏条件を受け入れるよりは、戦争をつづけたほうがましだと、政府も軍部も考えた。とりわけ民主主義は、主権が国民にあることとぐらい指導者は知っていたから、天皇主権は当然否定されることを悟った。のみならず、戦争犯罪人のなかに天皇がふくまれているのか、いや、そもそも天皇の存在を許すのかどうかはっきりしない。これでは問題にならないのだった。

鈴木首相は二八日、「ポツダム宣言の黙殺と戦争邁進」を声明した。

原爆投下とソ連軍侵攻

それに対する連合国の回答が、八月六日午前八時一五分の広島市に対する原子爆弾の投下だった。瞬時に一〇万人前後を殺し、市街地は灰燼に帰した。兵器と呼ぶにはばかられるほどの強大な「新型爆弾」である。（その年の一二月末までには約一四万人死亡と推定、その後の死亡者もふくめて一八万人と見込まれる）。「迅速かつ十分なる壊滅」は単なる脅《おど》しではなかった。しかも、「壊滅」のなかには日本人の抹殺もふくまれていることを連合軍は原爆によって示した。

八月九日午前零時、ソ連軍が満州国へ侵攻を開始した。ソ連はすでに日ソ中立条約の不延長を通告していたから（効力発生は一年後からと規定してあったが）、予想外のことではなかったが、不意を突かれたことはたしかだった。

戦車五〇〇〇両、飛行機五〇〇〇機、兵力一七四万という大軍が東、北、西のあらゆる国境から侵入し、国境守備隊を粉砕し、日本人開拓村を襲った。関東軍には兵力こそ八〇万人近くいたが、それを押し戻す戦力も戦略もなかった。

その日の午前中、最高戦争指導会議が開かれ鈴木首相が「ポツダム宣言受諾」を初めて提案した。東郷外相と米内海相が「皇室の安泰を条件として」支持した。議論の最中に長崎市に原子爆弾が投下された（午前一一時二分）との報告が入った。早く降伏しないと日本人を抹殺するとの強い意思がふたたび示されたのだ。

しかし、会議は二つに割れた。阿南陸軍大臣・梅津美治郎参謀総長・豊田副武軍令部総長が反対したからだ。彼らの反対理由のなかに、降伏すると奴隷にされるのではないかという懸念が示された証拠はない。ポツダム宣言も「われらの俘虜を虐待せる」戦争犯罪人は処罰するが、「われらは日本人を奴隷化せんとし、または国民として滅亡せしめんとするの意図を有するものにあらず」と述べている。降伏反対者は、特攻もふくめ幾百万英霊の手前、いまさら降伏して生き恥をさらすぐらいなら死んだほうがましだとという思いにかられていたのである。

ただ、きわめて厳格にいえば、阿南も梅津も豊田も降伏に反対したわけではないという。彼らは、ポツダム宣言受諾には、彼らが示した「条件」のうち「武装解除は内地で自分たちの手でやって、復員させる」「戦争犯罪人の処罰は自分たちでやる」「保証占領の条項は保留する（占領軍の駐留は今後の交渉）」の三項目と、降伏やむなしのグループ（首相、外相、海軍大臣）がつけた「皇室の安泰（皇室の地位の絶対保持安全を図る）」の四項目を認めさせる必要があるとした。

しかし、これでは受諾しないと言っているのも同じことである。

ポツダム宣言が最後に述べている「右以外の日本国の選択は迅速かつ十分なる壊滅あるのみ」を甘く見すぎていた。豊田は戦後、植木屋で植木を買うときの値段の駆け引きのようなものであると述べている。いかに状況認識が甘かったか、余りある。

鈴木貫太郎首相。広島への原爆投下、ソ連軍の満州侵攻のあと、はじめて降伏を口にした。

米内光政海軍大臣（写真は連合艦隊司令長官時代）。ポツダム宣言受諾（降伏）の立場で、首相と外相を強力にバックアップした。

東郷茂徳外相。対米英開戦のときも外相だったが、早期終戦を胸に秘めて外相を引き受けた。

阿南陸軍大臣。「国民は七生報国、一億玉砕の覚悟にて最後の戦に邁進すれば死中活を求むることが出来ると思います」（8月9日の御前会議）。

終戦の決断を天皇に一任

鈴木首相は従来の慣例を破って、意見不一致のまま御前会議に持ちこんだ（九日午後一一時五〇分開会）。意見を統一させてからでないと天皇の臨席する会議にはかけないのが不文律だったから、破天荒な手続きだった。これまでのやりかただと、こういう場合、陸軍大臣が辞職して内閣を倒してきた。それをあえてしなかったのは、原爆投下とソ連軍侵攻の衝撃で、陸軍内部に一瞬「空白の時間」が生まれたのであろう。米内海軍大臣が終戦直後、「言葉は悪いが、原爆とソ連侵攻は天佑《てんゆう》（天の助け）だった」と述べたのは、その間の事情を伝えている。

それはまた、天皇と鈴木首相のあうんの呼吸だったかもしれないが、内大臣木戸幸一（天皇と首相や軍統帥部との架け橋的な役割をもつ）が早い時期から、軍部の決断ではなく天皇の決断による終戦を決意していたことも大きく関わっていた。

御前会議で天皇はついに、これ以上戦争をつづければ日本民族が滅ぶ、戦争を終わらせたいと発言した。「聖断」には誰もさからえない。

政府は、天皇の大権は変わらずとの了解のもとにポツダム宣言を受け入れると通告し、

豊田軍令部総長。「国民の内にはまだ敢闘精神はある。前線の将兵は努力してい、特攻精神も横溢している」（8月9日の御前会議）。

梅津参謀総長。「すでに数年にわたり戦争を継続し多くの戦友たちは喜んで国に尽くし、君のために死んでいきました。今日無条件降伏しては英霊に対し申し訳ありません」（8月9日の御前会議）。

広島に原子爆弾を落としたB29爆撃機「エノラゲイ」。現在、アメリカで復元作業が進んでいる。

「天皇の国家統治の大権は不変」との意思を表明してほしいと切望した。連合国は一二日、サンフランシスコ放送を通じて、まず「天皇の権限は連合国軍最高司令官に従属する」とし、さらに「日本国政府の確定的形態はポツダム宣言にしたがい、日本国国民の自由に表明する意思により決定せらるべきものとする」と応答した。天皇のありかたは国民の自由意思で決めよ、ただし、ポツダム宣言の精神から逸脱してはならない、つまり民主主義でなければならないというものだったのである。

外務省は最初「従属する（サブジェクト・ツー）」を「制限のもとにおかれる」と翻訳して会議（閣議、最高戦争指導会議）に提出した。陸軍も海軍もラジオを聴いていたから、阿南陸相や豊田軍令部総長が実際は「従属する」ではないか、これでは国体護持（天皇主権、天皇を頂点とする秩序社会）がむずかしいと、あくまでも継戦を主張し、降伏に反対した。鈴木首相はふたたび天皇の聖断を仰いだ。（一四日午前）。戦争をやめるという天皇の意思は変わっていなかった。

八月一五日正午、ポツダム宣言を受諾する天皇の放送が行われた。一九三七年から始まった大東亜戦争（支那事変と太平洋戦争）は、日本の無条件降伏で終わった。そして、約六年にわたった第二次大戦も幕を閉じたのである。

大戦後の世界

戦争犯罪人を断罪、米ソ対立は冷戦へ、英仏蘭の衰退でアジア諸国の独立に拍車

占領地ドイツに対する連合国の態度

連合国は、ドイツ全土を四カ国で分割占領したが、ソ連と米英仏など西側諸国とでは、その占領政策に関して著しい違いをみせた。すなわち、占領直後から一年間にアメリカは二億ドル、イギリスは三億二〇〇〇万ドルもの食糧をドイツへ供給した。これに対して、

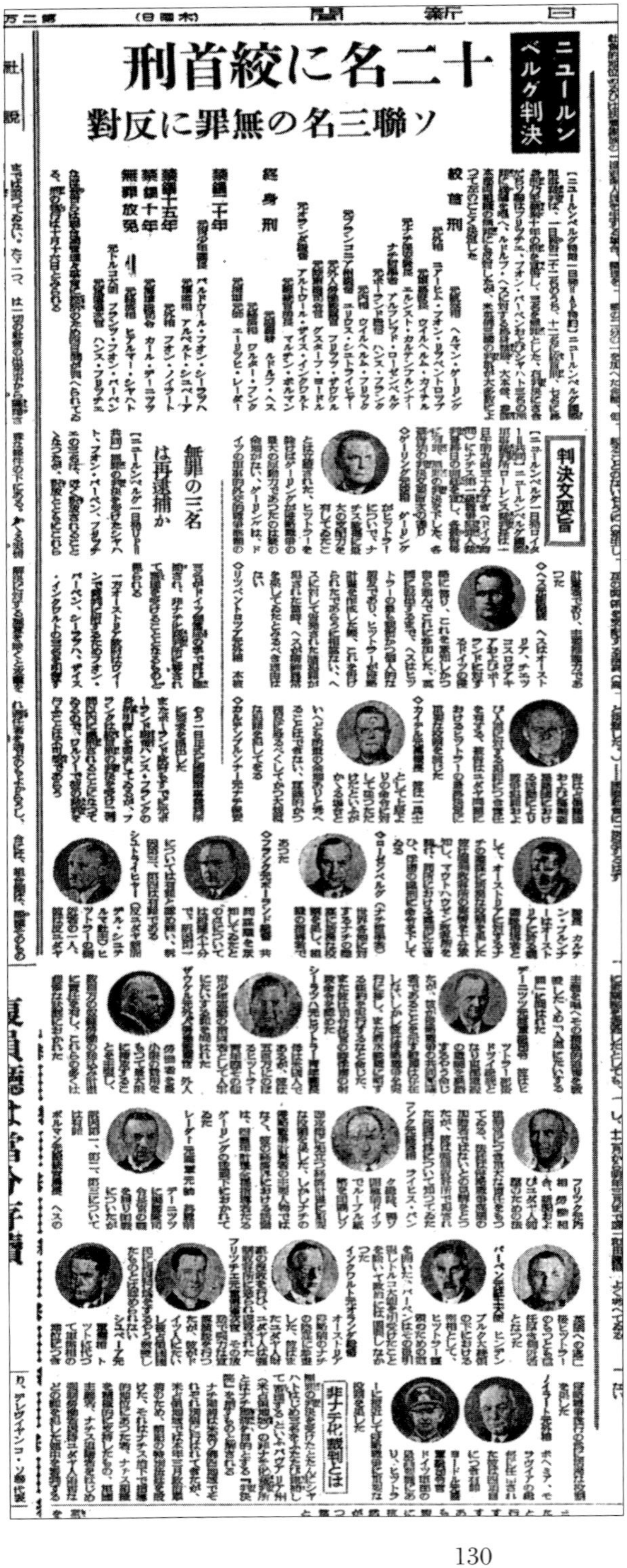

ニュルンベルク裁判の結果を伝える1946年10月3日付『朝日新聞』。日本では東京裁判が審理中だった。

右・ナチス党幹部。手前がヒトラー、向こうが秘書長ボルマン（行方不明のまま死刑判決）。

左・ナチス党幹部。副総統ヘス（終身刑、1987年死亡）。

右下・ナチス党幹部。宣伝相ゲッペルス。ヒトラーの自殺のあと家族ぐるみで自殺。

下・ドイツ軍幹部。カイテル陸軍元帥（死刑）。

左下・ユダヤ人虐殺の現場責任者・アイヒマン（1962年、イスラエルで死刑）。

ソ連は奪う側にまわった。自国の占領地区からはもとより、西側占領地区からも工場、工業施設、さまざまな技術装置などを撤去してソ連に運び込んだ。ソ連は、中国東北地区（戦前まで日本が満州国と称していた地区）からも工場を解体して持ち去ったが、同じような手法である。いずれにしても、ソ連は一九四五年中に、ドイツ国内のソ連占領地区から三三パーセント、西側占領地区から八五パーセントの施設を解体して持ち去った。

　もともと、ソ連のスターリン首相ははじめから連合国が受け取るべき賠償額は二〇〇億

ナチス党幹部。ゲシュタポ長官ヒムラー（右から2人目。戦後服毒自殺）と国家保安中央本部局長ハイドリッヒ（右から3人目。ユダヤ人絶滅計画を決めたバンゼー会議の主宰者。チェコでロンドン派遣のチェコ兵士が暗殺）。

ドルと決めてかかり、その半分をソ連の取り分として主張した。トルーマン米大統領はこれを拒絶しつづけ、ドイツからの物資の撤去を認めるという妥協におちついたのだった。ドイツは米英仏ソの四カ国に分割占領されていたので、米英仏占領地区からの一定割合の解体撤去も認めたのである。

最終的には、商品、芸術品、軍票支払いの役務、現物生産、その他の支払いもふくめると、一九五三年までに「自己の占領地区からだけでも二六五億ドルの賠償支払いを得たことになる」（ヴェルナー・マーザー著『現代ドイツ史入門』小林正文訳）。試みに当時の一ドル三六〇円で換算してみると、約九兆五〇〇〇億円にのぼる。

ソ連は直接ドイツの侵攻を受け、約四年間ドイツ軍と戦い、軍人約一二〇〇万人、民間人約一七〇〇万人が死亡したといわれている。これに次ぐ死亡者の多かった国は日本が侵略した中国（民間人最大推定約二〇〇〇万人、軍人一四〇万人と言われている）だが、それにしてもソ連のドイツに対する報復はすさまじいものがあった。

賠償の取り立てのほかにも、報復は、たとえばドイツ人に対する直接的な迫害・追放の形で実施された。その典型的なケースがポーランドに残っていた約一五〇万人以上と見込まれていたドイツ人に対するもので、そのほとんどが「ガスによらずに家や食糧を奪い、長く苦痛のともなう餓死に追い込んで抹殺することが意図されている」（英哲学者バートランド・ラッセル。前掲書）状況に陥っていた。

すでにポーランドでは親ソ共産党政府が実権を握っていて、完全なソ連支配下にあり、戦争中はもとより戦後はとりわけソ連情報は西側に対し極端に閉ざされていた。チャーチル英首相がルーズヴェルト死去にともなって大統領職を引き継いだトルーマンに対して、「鉄のカーテンが彼らの戦線におろされたのです。その背後で何がおこっているか、われわれにはわかりません」と書き送ったのは、ドイツ降伏から数日後のことである。

鉄のカーテンの向こう側には、ポーランドをはじめ、ルーマニア、ブルガリア、ハンガリー、チェコスロバキア、ユーゴスラヴィアなどがふくまれていた。ドイツ降伏と同時に、米英仏とソ連の冷戦が始まっていたのである。

ニュルンベルク裁判

連合国は、「ドイツ国民を絶滅ないしは奴隷化することを意図するものではない。連合国として、ドイツ国民に民主的で平和な基盤のうえに、あらためてその生活を立て直す用意をする可能性を与えたい」（ポツダム会議議定書）ということを基本としていたが、一方、ナチズムの根絶には容赦なかった。

それと並行して、戦争を始めて平和を乱した罪や人道に対する罪を犯した政治家・軍人・学者に対する国際軍事裁判を始めた。ニュルンベルクで行われたので、ニュルンベルク裁判とも呼ばれる。

そのとき、ヒトラーはすでに自殺しており、その他のナチス党幹部のうち、ゲシュタポ長官・全ドイツ警察長官のハインリヒ・ヒムラーは服毒自殺、国民啓蒙宣伝相ヨーゼフ・ゲッペルスも家族六人とともに自殺、ヒトラー秘書長マルチン・ボルマンは行方不明になっていた。

ニュルンベルク裁判では行方不明のボルマンをふくめて二四人が起訴された（一九四五年一一月、起訴状朗読）。

敗戦国の指導者が戦勝国の軍事裁判によって断罪されるのはかつてなかったことである。したがって、明確な国際刑法や刑事訴訟法があったわけではない。連合国は国際軍事裁判条例を策定して、それに代えた。

二四人は「侵略戦争の共同謀議」「平和に対する罪」「殺人・虐待など戦時犯罪」「人道に対する罪」のどれかに当てはまるとして、起訴された。侵略戦争を始めることが「平和に対する罪」であると明記してある国際刑法がなくても、ハーグの「開戦に関する条約」（一九〇七年）、ジュネーヴ議定書の「侵略戦争は国際犯罪を構成する」という規定（一九二四年）、さらには不戦条約（一九二八年、英米仏独日など一五カ国が調印）など先例や慣習によって罪刑法定主義の要件を満たしているという立場をとった。

また、「人道に対する罪」は「文明に対する罪」とでもよぶべきもので、ユダヤ人をはじめとする国内や占領地国民や政治犯に対する野蛮で大規模な虐殺・虐待は、人類が到達し得ている文明の見地からみて許すべからざる犯罪であるとした。

起訴から判決まで約一年の間に四〇三回の公判廷が開かれ、一二三人から証言をとり、二二人（一人は自殺、一人は病気中で判決延期）に対して一二人の死刑をふくむ判決がくだされた（一九四六年一〇月一日）。

死刑を宣告されたのは、ゲーリング（空軍相）、リッベントロップ（外相）、ローゼンベルク（ナチ哲学者）、カイテル（元帥・国防軍司令部参謀総長・降伏文書署名者）、ヨードル（元帥・国防軍作戦参謀長・降伏文書署名者）、フリック（内相）、ザイス・インクバルト（オランダ総督）、カルテンブルンナー（ナチス党保安隊長）、フランク（ポーランド総督）、ザウケル（外人労働監督官）、ボルマン（ヒトラー秘書長、欠席裁判）、シュトライヒャー（ドイツのバイエルン州をふくむフランケル総督）などである。ゲーリングは死刑執行の前日、隠し持っていた青酸カリで服毒自殺して果てた。

東京裁判

日本の戦争犯罪人を裁いた東京裁判（正式には極東国際軍事裁判）もまた、ニュルンベルク裁判と軌を同じくするものである。ここでは満州事変（一九三一年）以来の中国に対する侵略戦争と、米英仏蘭に対する侵略戦争、さらにはソ連に対する侵略戦争（一九三九年のノモンハン事件など）を共同謀議で始めた罪を裁こうとした。同時に、南京虐殺（一九三七年一二月）や、占領地国民や捕虜に対する虐待など一般的な戦争犯罪などいわゆる「人道に対する罪」も問題とした。

起訴された者は陸軍大将東条英機元首相（対米英開戦時から一九四四年七月のサイパン陥落まで首相）をはじめ二八人で、一九四六年四月から始まり、四八年一一月一二日に判決を下した。最高統治者である天皇の訴追は見送られたが、これは占領軍最高司令官マッカーサー元帥をはじめアメリカの賢明な決断だった。

日本の侵略戦争は、ヒトラーが全権を握って独裁的に押し進めたような戦争ではなかった。とくに、中国に対する戦争はそうだった。満州事変から支那事変を経て対米英宣戦までの一〇年間に、首相は一一人、外務大臣にいたっては一三人を数えた。陸軍大臣も一一人、陸軍統帥の最高ポスト参謀総長は三人だが、

東京裁判で絞首刑にされた「A級戦犯」

東条英機
陸軍大将。日米開戦時首相、陸相。

土肥原賢二
陸軍大将。満州事変時の奉天特務機関長として、満州国の皇帝に清朝最後の皇帝・溥儀かつぎだしに重要な役割をはたした。

広田弘毅
外相のあと2・26事件直後に首相。そのあと第一次近衛内閣の外相で、このとき日本は支那事変（いわゆる日中戦争）を始めた。

板垣征四郎
陸軍大将。満州事変のとき実働部隊であった関東軍高級参謀。事変開始の事実上の責任者。

木村兵太郎
陸軍大将。インパール作戦後のビルマ方面軍司令官。

松井石根
陸軍大将。支那事変の南京攻略時の軍司令官。

武藤　章
陸軍中将。日米開戦時は陸軍省軍務局長として東条陸相を補佐。最後はフィリピン防衛軍（第14方面軍）参謀長。

うち一人は皇族（載仁親王）で、その九年間の在職中に実質的に裁量した次長は九人を数えている。

海軍大臣は九人が次々に代わった。やはり海軍統帥の最高ポストである軍令部総長（ある時期まで軍令部長と呼称）は三人だが、うち一人は皇族（伏見宮博恭王）で九年間つとめた。載仁親王より自分を主張した珍しい皇族だったが、事実上は次長が裁量した。その次長は伏見宮博恭王在任中六人代わっている。

こうみてくると、ある意味では、あれだけの大戦争をつづけながら、最終的に責任をとろうとした指導者がいなかったというのが実態だった。戦争を始めたのは誰、と特定するのは困難で、さりとて彼らが戦争を始め、継続し、途中でやめさせなかった責任がまったくないと断定することもできない。

東京裁判では、右にあげたような最高首脳のうち二三人（右にあげた人で除外されている人も多く、出先の日本大使やクーデターを画策して早い時期に退役となっていた下級の軍人もふくま

東京裁判法廷。右が被告席、左が裁判官席。市ヶ谷の元陸軍士官学校講堂だった。現在は防衛庁新庁舎を建設中。

朝日新聞

訴因十項に整理

戦犯廿五被告に判決下る

東條、廣田ら七名絞首刑

無罪なし 木戸ら十六名終身禁固

絞首刑	東條 英機
絞首刑	廣田 弘毅
絞首刑	松井 石根
絞首刑	土肥原賢二
絞首刑	板垣征四郎
絞首刑	木村兵太郎
絞首刑	武藤 章
終身禁固	木戸 幸一
終身禁固	平沼騏一郎
終身禁固	賀屋 興宣
終身禁固	嶋田繁太郎
終身禁固	白鳥 敏夫
終身禁固	大島 浩
終身禁固	星野 直樹
終身禁固	荒木 貞夫
終身禁固	小磯 國昭
終身禁固	畑 俊六
終身禁固	梅津美治郎
終身禁固	南 次郎
終身禁固	鈴木 貞一
終身禁固	佐藤 賢了
終身禁固	橋本欣五郎
終身禁固	岡 敬純
禁固廿年	東郷 茂徳
禁固七年	重光 葵

うなずく被告た

瞬間、口元くず

東京裁判の判決を伝える1948年11月13日付『朝日新聞』。

法廷で、キーナン首席検事とわたりあう清瀬一郎弁護団長（のち衆議院議長）。

れている)が共同謀議して中国や米英ソなどに戦争を始めたと論じ、七人を絞首刑(一九四八年一二月二三日執行)、一六人を終身禁固刑(のち、全員釈放)とした。七人の絞首刑のうち一人だけは(松井石根陸軍大将)共同謀議とは関係なく、ただ南京虐殺(三〇〇〇ないし六〇〇〇人から三〇万人以上まで規模についてはさまざまな推定値がある)の最高指揮官としての責任を問われたのである(東京裁判の刑死者は前頁別掲参照)。

連合国のBC級戦犯裁判

東京裁判の被告はA級戦犯と呼ばれたが、これとは別に連合軍は各国別にBC級戦犯を軍事法廷で裁いて断罪した。これは通常の戦争犯罪、つまり占領地国民や捕虜に対する虐待や殺人の直接当事者、それに対して責任を持つべき指揮官に対する処罰であった。

横浜、南京、マニラ、香港、シンガポール、バタビア(ジャカルタ)、ラングーンなど約五〇カ所で軍事法廷を開き、約五七〇〇人を起訴した。結果は、死刑が約一〇〇〇人、終身刑が約五〇〇人、有期刑が約三〇〇〇人である。

マニラ法廷における山下奉文大将(開戦時、マレー・シンガポール攻略の軍司令官、のちフィリピン防衛戦の軍司令官)と本間雅晴中将(フィリピン攻略戦の軍司令官)に対する死刑判決と執行は知る人が多いが、その背景については知る人は少ない。

本間中将に対するものは、フィリピン攻略戦の、「死のバターン行進」に対する断罪だった。バターンは、日本軍に追い込まれて米比軍が逃げ込んだ半島で、山々が連なり、人跡未踏地帯もあるというジャングルである。最後には降伏した米比軍捕虜約一〇万人を、捕虜収容所まで数十キロにわたって、炎天下のもと、ろくに食糧も与えずに行進させ、多くの捕虜を死なせた。

脱出に成功した米兵の報告で、当時からアメリカでは大きく問題とされ、日本軍の残虐性を象徴する事件として、深く脳裏に刻み込まれていたのである。三年後、捕虜収容所から解放された米軍将兵が、骨と皮ばかりの者が多かったという事実(フィリピンばかりではなかった)も、事件を思い起こさせるに十分だったのである。

フィリピンは日本占領地のなかでも最も抗日ゲリラ活動が盛んで、開戦以来、ゲリラ討伐戦は日本軍の日常的作戦となっていた。マッカーサー軍のレイテ島上陸、次いでルソン島上陸以後は、米軍との連携作戦もふくめてますます激しくなり、追いつめられた日本軍は大小の住民虐殺を繰り返したのである。山下軍司令官着任以後のこうした蛮行に対して、アメリカとフィリピンは最高指揮官としての責任を断罪した。

そのほかにも有名なBC級裁判としていくつかあげてみよう。

南京虐殺に関しては東京裁判で松井石根が総指揮官として処刑されたが、中国では南京で独自に法廷を開き、南京攻略に参加した第六師団の師団長谷寿夫中将を死刑にした。必ずしも第六師団だけに責任があったわけではないが(師団としては四個師団参加)、蔣介石政府は責任処罰を最低限におさえた。

中国に関しては、日本軍のやりかたを中国側が「三光」(殺し尽くす、焼き尽くす、奪い尽くす。光は〜し尽くす)と呼んだように、ゲリラ(とくに中国共産党軍の)活動に対する徹底報復作戦が日常化していた。南京虐殺は支那事変が始まった年の、一回きりの暴行だが、三光は以後八年間にわたり休むことなく実施されていたのである。

ビルマの戦場に兵員と軍需物資を輸送するために建設された泰緬《タイメン》鉄道(タイ国ノーンプラードク〜ビルマ国タンビザヤ間。四一五キロ)の工事には、主としてタイとビルマから一般労務者を徴発したが、連合国の捕虜約五万人も使役された。突貫工事のうえに食糧不足や医薬品不足も手伝って、一般労務者は約六万人死亡し、連合軍捕虜は約一万三〇〇〇人が死亡した。これに対するイギリス政府のシンガポール軍事法廷は、軍属を含め死刑三六人、終身・有期刑七九人の厳しい断罪を行った。

シンガポールではもう一つ重要な処罰が行われている。日本のシンガポール占領直後から始まった「敵性華僑粛清」の責任者に対するものである。シンガポール在住の華僑を一カ所に集め、憲兵による簡単な尋問と検証だけで二、三カ月で約六〇〇〇人を処刑した。その後も粛清は終戦までつづき、マレー半島もふくめて二万六〇〇〇人以上を処刑した。これに対して、警備司令官（中将）、憲兵隊長（大佐）の二人を死刑、中将一人をふくむ五人を終身刑としたのだった。

いずれにしても、連合国は短期間に、日本軍の占領地のほぼ全域にわたって、日本軍将兵の蛮行を断罪した。指揮官としての責任を問う場合はともかく、実際の下手人追及にも力点をおいたが、これは通常の刑事事件でも誤判がつきものである。日本人憎しの感情が渦巻いているさなかで実施された、首実験による告発はなおさらで、少なからぬ冤罪もふくまれている。

マニラ法廷でBC級戦犯として死刑となった山下奉文大将（上）と本間雅晴中将（下）。本間と一緒にいるのは夫人で、法廷で無罪を主張、「娘には本間のような人に嫁がせたい」と述べ、法廷に感動のどよめきを起こした。

ソ連の日本に対する蛮行はきわめて異質であった。中国東北地区や三八度線以北の朝鮮で終戦を迎えた約六〇万の日本人将兵を、根こそぎシベリアに連行し、長きにわたって強制労働に従事させたからである。最後の帰国者は戦後一〇年以上もたってからだが、犠牲者は約六万二〇〇〇人とされている。

中国東北地区では、日本から移民した開拓団集落が、かつて土地を奪われた中国人に襲われ、あるいは希望なき逃避行の最中に約一〇万人が死亡したと推定されている。ポーランドなどに移民したドイツ人が受けたと同じような仕返しを、甘んじなければならない立場に立たされたのである。

ナチス裁判の終わりなき道のり

大戦中の一九四二年一月二〇日、ベルリンのバンゼーで開かれたユダヤ人問題最終解決に関する会議で、一一〇〇万人のユダヤ人抹殺が正式に決定した。バンゼー会議を主宰したのは国家保安中央本部局長ラインハルト・トリスタン・ハイドリッヒである。一九三九年の世界のユダヤ人口は一八〇〇万というが、イギリスやアメリカ、ソ連など彼らの手の届かない地域以外のユダヤ人を絶滅するという、信じられないような「決定」だった。

しかも彼らは単に決定しただけでなく、計画的かつ効率的に五八〇万人から六〇〇万人を抹殺したのである。いかなる文明観を持てば、そうすることが正義であると信じることができたのか。

ニュルンベルク裁判は、ナチス幹部の一二人を死刑、三人を終身刑にすることなどで、ホロコーストに対する責任を果たそうとしたが、そのあまりにも残酷・大規模・計画的な国家的犯罪に対する追及は、それでは終わらなかった。

米英仏ソはもとより、ポーランド、チェコスロバキア、オランダ、オーストリアなどドイツに占領され、併合された国々、さらにはソ連と英米仏に占領され、それぞれが東ドイツと西ドイツに二つの国家に分割されたドイツ自身もまた、旧ナチス幹部や収容所看守など実際に虐待と虐殺に直接関わった人物の捜査・逮捕・裁判を続行した。

この問題については、長年の取材と調査にもとづく野村二郎氏の『ナチス裁判』が、実情を伝えている。以下、同書に拠って概略紹介しておこう。

国民（民間人）の五三八万四〇〇〇人が虐殺されたポーランドでは戦後早い時期に即決によって約五〇〇〇人前後を処刑し、その後も五〇〇〇人を超える有罪判決を出している。アウシュビッツ収容所指揮官のルドルフ・フランツ・ヘルディナント・ヘス（副総統のヘスとは別人）を処刑した（一九四七年）のもポーランドである。ポーランドのナチス裁判は一九八六年一一月に死刑囚エーリッヒ・コッホの獄中死までつづいた。

フランスでは、占領期間におけるナチス協力者への裁判、処刑が大量に行われ、戦後間もなくの推計値では一〇万とも一二万とも言われている。その後も、正義法院と人民法廷という二つの系統による裁判が続行され、約七〇〇〇人に死刑を宣告した。現在でもナチス協力者の逮捕と裁判が続行されている。

東ドイツでは一二七人の処刑をふくむ約一万三〇〇〇人が有罪となり、西ドイツでは一九七五年までに約三万人を捜査し、六四一一人を有罪とした。両ドイツともナチスによる殺人を時効停止する措置をとり、東ドイツが西ドイツに併合されたあとも、もともと西ドイツで設立された（一九五八年）「ナチス犯罪追跡センター」が現在も活動をつづけている。

ユダヤ人国家イスラエルは一九四八年五月に誕生したが、その秘密情報機関モサドは、「ユダヤ人絶滅作業の現場責任者」アドルフ・アイヒマンをブエノスアイレスで逮捕、イスラエルは一九六二年に処刑した。現在でも数人のナチス幹部の行方を追っている。

ヨーロッパのナチス裁判は終わりを告げることがない。

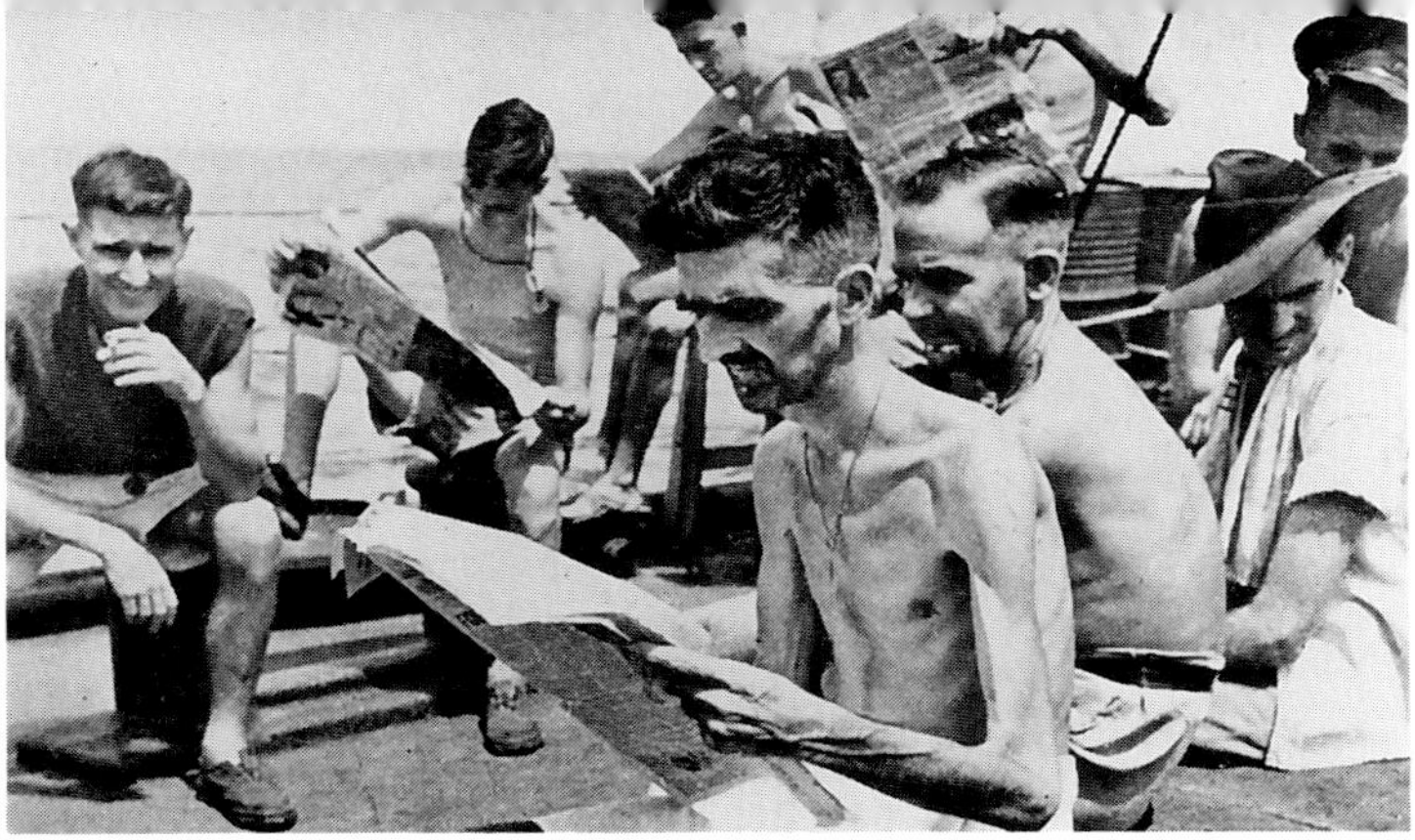

上・アンボン島で解放されたオーストラリア軍捕虜。捕虜の栄養状態はどこでも悪かった。
下・泰緬鉄道のビルマ側から鉄道建設に従事した日本軍将兵がシンガポールに集められた。

アメリカのヨーロッパ援助

すでに述べたように、占領地ドイツの管理をめぐって、米英仏とソ連はまったく異なった政策をとった。ソ連は共産主義政権のもと社会主義国の拡大と、それらを衛星国として完全な勢力下に置くことを目指していたから、最初からかみ合わなかった。「国民の自由な意志の表明による選挙によって政府を作る」という米英仏の民主主義は共産主義とはまったく相いれないことを、米英仏は現実に知らされるのである。

ソ連は一九四六年末までに、ポーランド、チェコスロバキア、ハンガリー、ルーマニア、ブルガリア、ユーゴスラヴィア、アルバニアに共産主義政府をつくり支配下におさめた。そしてなお、ギリシャとトルコに対して、共産ゲリラ軍の浸透をはかりつつあった。両国を財政軍事面で援助していたのはイギリスだが、その大きな圧力にイギリスの援助能力も限界に近づきつつあった。

そうした共産主義の浸透に対して、アメリカは、イギリスに代わってギリシャとトルコを援助することになった。トルーマン大統領は教書の形でその決意を議会に示し(一九四七年三月のトルーマン・ドクトリン)、その政策を認めさせた。

ギリシャ、トルコに対する軍事がらみの援助は同年六月のマーシャル国務長官の提言により、包括的で大規模なものに発展する。いわゆるマーシャル・プラン(正式にはヨーロッパ復興計画)である。イギリス、フランス、イタリア、オランダ、ベルギー、オーストリア、ギリシャ、アイルランドなど一六カ国を対象とした。米英仏のドイツ占領地区もその対象地域とされたのは言うまでもない。

そういうなかで、一九四八年六月一八日、ソ連によるベルリン全面封鎖が強行された。

直接のきっかけは、ベルリンもふくめて米英仏占領地区に対して新通貨を流通させたことである。戦時に膨張した通貨を精算させ、インフレを抑止する目的があったが、これがポツダム会談での「ドイツを経済的に一体とみなす」との合意に違反するとした。

当然な主張のようだが、ソ連はすでに米英仏とは政治的にまったく相いれない体制をその占領地に築きつつあり、ソ連としてはもともとベルリンは経済的にはソ連占領地区の一部であると主張していたのだから、統一ドイツはすでに非現実的な問題となっていた。

ソ連は、ベルリンの米英仏占領地区に食糧や生活必需品を輸送する鉄道・自動車の通過を遮断した。対抗してアメリカは、持てる飛行機を総動員してベルリンへの空輸を始めた。

ソ連のスターリン首相は、その空輸を横目で見ながら、ベルリンからの西側諸国の撤退、イギリス占領下ルール工業地帯へのソ連参加、西側諸国で同意されている米英仏占領地区の合併政策(一九四八年二月のロンドン勧告)の断念など、つぎつぎに要求した。西側はそれらをことごとく拒絶し、空輸をつづけた。

その間、NATO(北大西洋条約機構)を成立させ(署名一九四九年四月、発効八月)、西側

朝鮮戦争で指揮をとるマッカーサー元帥(右から2人目)。

一六カ国による個別的・集団的自衛権の行使を約束してソ連の脅威に対抗する集団安全保障体制をうちたてた。

つづいて一九四九年五月六日、ドイツ連邦共和国（西ドイツ）を成立させた。ソ連がベルリン封鎖を解いたのはそれから六日後の五月一二日である。そして間もなくソ連も占領地区にドイツ民主共和国（東ドイツ）を成立させた（同年一〇月）。

米ソの冷戦は、三二一日間に二五〇〇万トンを空輸できたアメリカの経済力、その経済力を背景とした安全保障体制の構築の前に、ソ連が譲歩する形で第一ラウンドを終えた。当時としては原子爆弾を持っていたのはアメリカだけで、ソ連に対して絶対的優位にたっていたことも大きかった。もっともソ連でも一九四九年九月には原爆実験に成功した。以後、核兵器開発の競争のなかで、米ソの対立とアメリカの封じ込めが並行して進んでいく。

大戦後の中国・朝鮮・アジア

日本の敗戦で勝者となった中国では、蔣介石の国民党軍と毛沢東の中共軍が本格的な内戦に突入した。最後は国民党軍は台湾に逃れ、一九四九年一〇月一日、中華人民共和国の成立となって幕を閉じた。

朝鮮は、大戦終了とともに北緯三八度の線で米ソの勢力範囲をとりあえず確定した。中国東北部に大軍を入れたソ連軍の朝鮮進出を阻止するため、朝鮮上陸の大部隊を近くに持っていなかったこともあり（一番近いところでは沖縄占領軍）、アメリカ側がそこに線を引き、ソ連に認めさせたのである。一九四八年、三八度線以北はソ連の支援のもと朝鮮民主主義人民共和国（北朝鮮・首相金日成）、以南はアメリカの支援で大韓民国（韓国・大統領李承晩）としてそれぞれ独立した。

ダグラス・マッカーサー元帥を最高司令官とする日本の占領は、名称は連合国軍最高司令部だったが、実質はアメリカ一国の統治となった。そのアメリカは、日本の軍国主義の一掃、封建的制度や慣行の廃止、民主主義の確立にすべての努力を傾注した。それに対する日本の物わかりの良さと従順性は、アメリカもびっくりするほどであったが、やがてそれは日本を太平洋における共産主義に対する防波堤にするという政策へと変わっていく。一九四八年はじめには早くもそれが現れている（たとえば一月のロイヤル陸軍長官の発言）。

当初の占領政策は、「日本人の生活水準が近隣諸国の水準を上回るほどに援助してはならない」という露骨なものであったが、しだいにその制限が取り払われていった。朝鮮半島の緊張した情勢が、その政策を加速させた。

一九五〇年六月二五日、北朝鮮軍は三八度線を超えて韓国に侵入、一時は全朝鮮を制圧するかにみえたが、米軍が国連軍の名目で介入、三八度線以北に押し戻した。やがて中国人民軍が支援に現れ、ふたたび戦線は三八度線で膠着した。休戦協定にたどりついたのは一九五三年七月である。以来、南北朝鮮が三八度線を境にして対立をつづけているのは周知のことである。

仏印と呼ばれたフランス植民地ベトナムでは日本敗北直後の一九四五年九月、ホーチミンが率いるベトミン（ベトナム独立同盟）が独立を宣言したが、フランスはそれに抵抗し同年一二月から全面戦争に発展した（インドシナ戦争）。八年後の一九五四年、北緯一七度線を境として休戦協定が成立、南のベトナム共和国と北のベトナム民主共和国に分断された（その後、軍事介入したアメリカとの戦争に勝利し、統一政権が誕生したのは一九七三年一月）。

タイは日本の強圧でやむなく米英に宣戦布告したが、同時に水面下では自由タイ運動を国際的に展開、日本敗北後に宣戦を取り消した。連合国も戦争中の抗日努力を評価して、敗戦国扱いをしなかった。

ビルマは開戦当初、日本の支援でビルマ独立義勇軍を創設し、日本軍とともにビルマへ進撃し、英軍追放に一役買った。やがてそれはビルマ国軍に発展した。

一九四三年八月、「大東亜共栄圏を構成する他の主権国家と対等なる一員」(ビルマ国家基本法)として独立したが、それは名目上のことにすぎなかった。中国東北部に樹立した満州国(一九三二年成立)のような国家である。やがて一九四五年三月、イギリス軍の全面反攻に足並みをそろえ、日本に反乱した。そのイギリスから独立をしたのは、一九四八年一月である。

蘭印は、日本降伏直後にスカルノ、ハッタらがインドネシア共和国として独立を宣言、復帰してきたオランダ軍と戦ったが、日本軍はスカルノ側に大量の武器を譲渡するとともに、一部の日本軍将兵はスカルノ側に与してオランダ軍と戦った。オランダが主権を引き渡しのは一九四九年一二月である。

フィリピンもビルマ同様、大東亜共栄圏の一員として一九四三年にフィリピン共和国として独立した。米軍奪回後は、その共和国をアメリカが承認する形で実質上の独立国家となった。

インドは大戦中、一貫して宗主国イギリスの側につき、米英の対ビルマ、対中国作戦の一大兵站(補給地)の役割を担った。米軍は数万の中国軍をインドで訓練し、米式武器で装備させて、北ビルマ経由で中国戦線に戻した。いわゆる新編中国軍である。さらに、インド北部のレドからミイトキーナなど北ビルマを通り雲南省に通じる道路を建設し(米軍指揮官の名をとってスティルウェル公路と呼ばれた)、トラックでの軍需物資輸送のほか、送油管を敷設して燃料を送り込んだ。ガンジーやネールなどに指導されていた独立運動はファシズム打倒を最優先させていたのである。

それにあきたらず、インドを飛び出し日本軍の支援のもとにインド解放を夢見たのがチャンドラ・ボースだった。日本軍は、緒戦のマレー・シンガポール作戦の間にインド人将兵に反英運動をよびかけて脱落させ、タイで活動していたインド独立連盟のもとに結集させていた。ボースはそれらを統一指揮して日本軍とともにインドに攻め入ろうとしたが(一九四四年三月〜七月のインパール作戦)、それは惨憺たる失敗に終わった。

戦後のボースは台湾で事故死、インド本国は一九四七年八月、インド連邦(ヒンズー教徒中心)とパキスタン(イスラム教徒中心)に分かれて独立した。

かつてチャーチル英首相は、ルーズヴェルト米大統領から「インドに自治を許したらどうか」と持ちかけられたとき(一九四二年)、「自分はイギリス帝国の清算人として総理大臣になったのではない」と下院で宣言した。イギリスは第二次大戦の勝利国であったとはいえ、すでにアジア・アフリカの多くの植民地を維持できるような大英帝国としての国力を失っていた。第二次世界大戦によるヨーロッパの没落は彼らの植民地として甘んじていた民族の独立と表裏の関係にあった。

それでもイギリスはしばらくの間、マレーとシンガポールを支配しつづけたが、それも一九六三年マレーシア連邦の成立を拒めなかった。シンガポールがそこから分離独立したのは一九六五年である。

日本の委任統治領だった内南洋、オーストラリアやイギリス、アメリカの保護領あるいは委任統治領だった東部ニューギニア、ソロモン諸島、ギルバート諸島などは、太平洋戦争下で日本軍と米豪軍との文字どおりの死闘が展開された戦場となったところである。これらの地域がパラオ共和国、パプアニューギニア、ソロモン諸島、キリバス共和国等々に独立したのはさらに後のことである。

連合国が、戦後成立させた国際連合は米英仏中ソ(中国は台湾に逃れた中華民国。中華人民共和国と入れ替わったのは一九七一年)五大国による平和維持機構として、第一次世界大戦後の国際連盟とは比較にならないほど決定的な役割を果たしてきたが、一つには国連軍を編成し紛争地への派遣ができるようになっていたからである。もっともその多くは米軍主体の部隊であったけれども(現在でもそうだが)、それは強国になりすぎた戦後アメリカの宿命でもある。

□あとがき

ナチス・ドイツが第二次世界大戦中に行ったユダヤ人絶滅政策は、我々の記憶からひとときも去ることはない。しかし、そのドイツがヨーロッパでどんな戦争を展開したのかという点になると、ぼんやりとしか認識されていないというのが実情ではないだろうか。

大戦の初期には、ドイツとともに独裁国家であったソ連も侵略国であった。ドイツがソ連侵攻を始め、英米がソ連援助に回った時点で、広範な連合国戦線が形成された。だが、ノルマンディー作戦が実施されるまで、ヨーロッパ大陸で三年にわたってドイツと戦ったのはソ連であった。ドイツのソ連侵攻こそは、ドイツ民族の東方移民を実現させるための、ヒトラーが最初から抱懐していた戦争の大目的だったのである。

ロシアのスラブ民族を追放ないし抹殺する政策とユダヤ人絶滅政策が、リンクされた形でソ連への侵略が進められた。

米英の軍事的経済的支援を受けつつ抗日戦を展開する中国に手こずって、日本はドイツと軍事同盟を結び、ついに米英との戦争に引きずり込まれる。日本もドイツと同様、武力による他民族支配という「負の政策（八紘《はっこう》一《いち》宇《う》による大東亜共栄圏）」を掲げて米英と争ったが、「四つの自由」を掲げる連合国には理念の上でも、協力国の数の上でも、科学技術の上でも、組織力とモティベーションの上でも、当然のことながらかなわなかったのだ。

最初から「四つの自由」とは無縁のソ連が、自国への侵略を跳ね返すという現実の必要から、あるいはまたナチス・ドイツ打倒を最優先させた米英の意志により、連合国の一角を形成した。しかしそれも、大戦末期から終戦直後にかけて崩れ、冷戦へと継続した。

そのソ連もいまはない。ナチス・ドイツが滅び、軍国主義日本が壊滅し、ソ連が滅んだ歴史の道程を、よりリアルにたどるには、荒々しく展開された大戦史をひもとくことほど有益なことはない。第二次世界大戦は、二十世紀史と現代世界を理解する鍵なのである。

□参考文献

主として次の文献を参考にしました。記して感謝致します。

『全史　第二次世界大戦実録』レイモン・カルチエ著　小学館

『第二次世界大戦』W・S・チャーチル著　佐藤亮一訳　河出書房新社

『実録　第二次世界大戦』秦　郁彦著　光風社出版

"2194DAYS OF WAR" by Cesare Salmaggi & Alfredo Pallovisini, New York & London

『トータル・ウォー　第二次世界大戦の原因と経過』(上・下) R・カルヴォコレッシー、G・ウィント、J・プリチャード著　八木勇訳　河出書房新社

『20世紀の歴史　第二次世界大戦　上』J・キャンベル編　入江　昭監修　小林章夫監訳　平凡社

『世界の歴史26　世界大戦と現代文明』木村靖二・柴宜弘・長沼秀世著　中央公論社

『第二次世界大戦事典』エリザベス・アン・ホイール、ステファン・ポープ、ジェムス・テイラー著　石川好美他訳　朝日ソノラマ

『第二次世界大戦　あんな話こんな話』ジェイムズ・F・ダニガン、アルバート・A・ノーフィ著　大貫昇訳　文藝春秋

『世界の歴史15　ファシズムと第二次大戦』村瀬興雄著　中央公論社

『歴史群像』欧州戦史シリーズ『ポーランド電撃戦』『西方電撃戦』など学習研究社

『歴史群像』シリーズ43『アドルフ・ヒトラー　戦略編』学習研究社

『丸』戦争と人物15『第二次世界大戦　ヨーロッパかく戦えり』潮書房

『ナチズム』村瀬興雄著　中央公論社

『アメリカの歴史5』サムエル・モリソン著　西川正身翻訳監修　集英社

『フランス現代史』河野健二著　山川出版社

『イタリア現代史』守田鉄郎・重岡保郎著　山川出版社

『バルカン現代史』木戸　翁著　山川出版社

『オーストリア・スイス現代史』矢田俊隆・田口　晃著　山川出版社

『ハンガリー・チェコスロヴァキア現代史』矢田　俊隆著　山川出版社

『ポーランド現代史』伊東孝之著　山川出版社

『ソ連現代史1』倉持俊一著　山川出版社

『現代ドイツ史』ヴェルナー・マーザー著　小林正文訳　講談社

『ナチス裁判』野村二郎著　講談社

『ナチス占領下のフランス』渡辺和行著　講談社

『仏レジスタンスの真実』A・シャンボン著　福元啓二郎訳　河出書房新社

□写真提供

近現代史フォトライブラリー

第二次世界大戦 関連年表（細字は日本関係）

1933・1・30 ナチス総統アドルフ・ヒトラー、ドイツ首相に就任
3 ドイツ再軍備開始
3・4 フランクリン・D・ルーズヴェルト、米大統領に就任
1935・8・31 米国、中立法成立
10・3 イタリア、エチオピアへ侵攻（エチオピア戦争開始）
1936・3・7 ドイツ軍、非武装地帯ラインラントに進駐
7・17 スペイン内乱始まる
1937・7・7 蘆溝橋事件（支那事変［いわゆる中戦争］始まる）
1938・3・13 ドイツ、オーストリアを併合
9・29 英仏独伊、チェコスロバキアのズテーテン地方ドイツ割譲を認める（ミュンヘン協定）
1939・3・16 ドイツ軍プラハに無血入城、チェコスロバキアを解体
4・28 ドイツ、英独海軍協定廃棄、ドイツ海軍再建開始。ポーランドとの不可侵条約を廃棄
5・12 ノモンハン事件始まる（～9月）
7・26 アメリカ、米通商航海条約を通告（半年後失効）
8・23 モスクワで独ソ不可侵条約調印

1939年（昭和14）

9・1 ドイツ軍、ポーランド侵略を開始（第2次世界大戦始まる）
9・3 英・仏、ドイツに宣戦布告
9・17 ソ連軍、東部ポーランドに侵出
11・30 ソ連軍、フィンランド侵略開始

1940年（昭和15）

1・16 米内光政内閣成立
3・12 モスクワでソ連・フィンランド講和条約調印
4・9 独軍、ノルウェーを急襲 独軍、デンマークを無血占領
5・10 独軍、北仏・オランダ・ベルギー・ルクセンブルクに奇襲攻撃開始
チェンバレン英内閣総辞職。チャーチル連合内閣成立
5・14 独軍、スダン付近でマジノ線突破
5・27 英仏軍、ダンケルクから撤退を開始（6・4完了）
6・10 イタリア、英・仏に宣戦布告
6・14 独軍、パリに無血入城
6・16 ペタン元帥、レイノーに代り仏政府首相に就任
6・17 ソ連軍、エストニア・ラトヴィアに進駐
6・18 ド・ゴール仏将軍、自由フランス委員会を設立（6・27英国承認）
6・22 コンピエーニュで独仏休戦協定調印（フランス降伏）
7・1 ソ連軍、ルーマニアのベッサラビア・北ブコヴィナ両地方を占領
7・2 仏政府、非占領地区のヴィシーに移転
7・3 英艦隊、アルジェリアのメルエルケビル湾停泊中の仏艦隊を撃滅
7・22 第2次近衛文麿内閣成立
7・27 大本営政府連絡会議で〈武力行使を含む南進政策〉決まる
8・30 ルーマニア、独伊の圧力でハンガリーへの一部領土割譲に同意
9・7 独軍、ロンドン猛爆撃（以後65日間、夜間爆撃続く）
9・13 伊軍、リビアからエジプトへ侵入
9・23 日本軍、北部仏印に進駐
9・27 日独伊3国同盟、ベルリンで調印
10・12 大政翼賛会発会式（総裁近衛首相）
10・28 伊軍、アルバニアからギリシャへ侵入開始
11・5 ルーズヴェルト、共和党のウィルキーを破り米大統領に初の3選
12・29 ルーズヴェルト、米国が民主主義国の兵器廠となる旨の炉辺談話発表

1941年（昭和16）

1・6 ルーズヴェルト、年頭一般教書で「4つの自由」を演説
3・11 ルーズヴェルト、武器貸与法に署名
4・6 独軍、ギリシア・ユーゴ両国に侵入開始
4・13 日ソ中立条約、モスクワで調印
4・16 日米交渉、正式に始まる
6・22 独軍、ソ連に侵攻 チャーチル、対ソ援助を提起
7・2 御前会議、対英米戦を辞せずを決定。関特演を実施
7・18 第3次近衛内閣成立
7・25 米国、在米日本資産を凍結（英蘭もつづく）
7・28 南部仏印進駐
蘭印、日蘭石油民間協定を停止
8・1 米国、対日石油輸出を全面禁止
8・12 ルーズヴェルト大統領・チャーチル首相、大西洋憲章発表
9・6 御前会議、対米、英、蘭戦争準備を決定
10・1 米英、ソ連に武器貸与を約束
10・18 東条英機内閣成立
11・26 ハル長官、強硬な新提案を提議（ハル・ノート）
11・27 ハル・ノートを日本に対する最後通牒と結論
12・1 御前会議、対米英蘭開戦を決定
12・8 ハワイ真珠湾を奇襲 米英両国に宣戦の詔書 米英、対日宣戦布告
12・9 中国国民政府、対日・独・伊宣戦布告
12・10 マレー沖海戦
12・25 香港の英軍降伏

1942年（昭和17）

1・1 連合国（26カ国）、ワシントンで連合国共同宣言調印
1・2 日本軍、マニラを占領
1・20 ナチ指導者、欧州ユダヤ人殺害を決定（バンゼー会議）
2・15 シンガポールの英軍降伏
3・8 日本軍、ラングーンを占領
3・9 ジャワの蘭印軍降伏

4・19 マッカーサー、西南太平洋連合軍司令官に就任
5・1 日本軍、ビルマのマンダレー占領
5・7 マニラ湾のコレヒドール島の米軍降伏　珊瑚海海戦（〜8日）
6・5 ミッドウェー海戦
6・28 独軍、東部戦線の夏季攻勢開始
8・7 米海軍、ガダルカナル島に上陸
8・22 独軍、スターリングラード猛攻撃を開始
9・13 スターリングラード攻防戦開始
10・23 連合軍、北アフリカのエル・アラメインで反攻開始
11・8 米英連合軍、北アフリカ上陸作戦開始
11・19 ソ連軍、スターリングラードで大反撃を開始
11・22 独軍、ドン川とヴォルガ川から退却
12・31 大本営、ガダルカナル島撤退を決定

1943年（昭和18）

1・30 ヒトラー、スターリングラードの独軍に「玉砕命令」
2・1 日本軍、ガダルカナル島撤退開始
2・2 スターリングラード攻防戦終る（独軍降伏）
4・13 4000以上のポーランド将校の遺体発見（カチンの森事件）
5・12 独軍、北アフリカ戦線で降伏
5・29 アッツ島で日本軍2500人玉砕
6・10 米英、ドイツに昼夜の混合爆撃開始
7・10 連合軍、シチリア島に上陸
7・24 米英軍、ハンブルクを重爆撃
7・25 ムッソリーニ首相失脚、逮捕さる（のち独軍救出）
8・23 英米軍、ベルリン重爆撃
9・8 イタリア無条件降伏
11・6 ソ連軍、キエフを奪回
11・18 英軍、ベルリン夜間大空襲
11・22 ルーズヴェルト・チャーチル・蔣介石のカイロ会談
11・25 ギルバート諸島のマキン・タラワ守備隊5400人玉砕
11・27 米英中〈カイロ宣言〉に署名
11・28 ルーズヴェルト・チャーチル・スターリン、テヘランで会談

1944年（昭和19）

1・20 ソ連軍、レニングラード市を独軍から解放
6・4 米英軍、ローマ入城
6・6 連合軍、ノルマンディー上陸開始
6・19 マリアナ沖海戦
7・4 大本営、インパール作戦の中止を命令
7・7 サイパン島守備隊3万人玉砕
7・20 独陸軍によるヒトラー暗殺未遂事件
7・22 小磯国昭内閣成立
7・24 米軍、テニヤンに上陸
8・1 ワルシャワで民衆の反独武装蜂起おこる
8・3 テニヤン守備隊8000人玉砕
8・10 グアム島守備隊1万8000人玉砕
8・25 連合軍、パリ入城
8・31 ソ連軍ブカレストに入る
9・5 ソ連、ブルガリアに宣戦布告
9・9 フランス、ド・ゴール将軍首班の臨時政府樹立
9・15 米軍、ペリリュー島、モロタイ島に上陸。守備隊玉砕
10・11 ソ連軍、東プロイセンでドイツ国境を突破
10・20 ソ連軍・ユーゴ人民解放軍、ベオグラードを独軍から奪回
10・23 米英ソ、ド・ゴール将軍首班の臨時政府を承認
10・24 レイテ沖海戦　レイテ決戦始まる
10・25 神風航空特攻始まる
11・7 米大統領選挙。ルーズヴェルト、デューイを破り4選される
11・24 マリアナ基地のB29東京を初爆撃

1945年（昭和20）

1・9 米軍、ルソン島に上陸
2・3 米軍、マニラ市内に進入
2・4 米英ソのヤルタ会談
2・13 ソ連軍、ブダペストを解放
2・19 米軍、硫黄島に上陸（3・17玉砕）
3・9 B29東京を大空襲
4・1 米軍、沖縄本島に上陸
4・7 鈴木貫太郎内閣成立　戦艦「大和」撃沈さる
4・12 米大統領ルーズヴェルト没　トルーマン副大統領昇格
4・13 ソ連軍、ウィーンを占領
4・22 ソ連戦車隊、ベルリン市街に突入
4・25 米ソ両軍、エルベ河畔のトルゴウで邂逅
4・27 ムッソリーニ、コモ湖畔で民衆義勇軍に逮捕される。翌日銃殺
4・30 ヒトラー、ベルリンの地下壕で自殺
5・2 ソ連軍、ベルリンを占領
5・7 ランスおよび5・8ベルリンで、独軍、連合国への無条件降伏に署名
5・14 最高戦争指導会議、対ソ交渉方針決定（終戦工作始まる）
6・8 天皇臨席の最高戦争指導会議、「本土決戦方針」を採択
6・23 沖縄守備軍、組織的抵抗を終わる
7・16 米国、ニューメキシコで最初の原子核爆発実験に成功
7・26 ポツダム宣言発表
7・28 鈴木首相、ポツダム宣言黙殺、戦争邁進と談話
8・6 B29、広島に原子爆弾投下
8・8 ソ連、対日宣戦布告。満州・朝鮮・樺太に侵攻開始
8・9 長崎に原子爆弾投下　御前会議、ポツダム宣言受諾を決定（1回目）
8・12 ソ連軍、朝鮮の羅津・清津に上陸
8・14 御前会議、ポツダム宣言受諾を決定（2回目）
8・15 ポツダム宣言受諾（無条件降伏）を発表（第二次世界大戦終る）
9・2 降伏文書に調印

◉著者紹介

■池田　清（いけだ・きよし）
一九二五年、鹿児島県生まれ。海軍兵学校卒（73期）、少尉候補生として重巡「摩耶」に乗り組むが、一九四四年十月のレイテ沖海戦に出撃途上、撃沈。救出され乗艦した戦艦「武蔵」もシブヤン海で撃沈された。帰還後、海軍潜水学校に入学、海軍中尉に昇進。伊47号潜水艦砲術長兼通信長となり回天特別攻撃隊多聞隊として出撃中に終戦を迎える。戦後、東京大学政治学科卒。大阪市立大学教授、東北大学教授、青山学院大学教授を歴任。著書に『重巡摩耶』『日本の海軍』（上・下）、『海軍と日本』など、訳書に『ヨーロッパ一〇〇年史』などがある。二〇〇六年死去。

■太平洋戦争研究会
◎本文執筆／森山康平（もりやま・こうへい）
一九四二年、奉天（現瀋陽）生まれ。中央大学卒。週刊誌・月刊誌の記者を経て、太平洋戦争研究会・文殊社所属。著書に『証言記録　大東亜共栄圏』、「ふくろうの本」（河出書房新社）で『図説日中戦争』『図説沖縄の戦い』『図説特攻』『図説玉砕の戦場』、編著に『写真集・米軍が記録したニューギニアの戦い』、太平洋戦争写真史『フーコン・雲南の戦い』『硫黄島・玉砕の記録』などがある。
◎編集協力／平塚柾緒（太平洋戦争研究会・近現代フォトライブラリー主宰、文殊社代表）
◎レイアウト協力／富岡裕子（文殊社）

ふくろうの本

新装版
図説　第二次世界大戦

一九九八年　八　月一〇日初版発行
二〇一九年　八　月二〇日新装版初版印刷
二〇一九年　八　月三〇日新装版初版発行

著者……………太平洋戦争研究会
カバー・デザイン…………岡田武彦
本文レイアウト…………文殊社
発行者……………小野寺優
発行……………株式会社河出書房新社
〒一五一-〇〇五一
東京都渋谷区千駄ヶ谷二-三二-二
電話　〇三-三四〇四-一二〇一（営業）
〇三-三四〇四-八六一一（編集）
http://www.kawade.co.jp/
印刷……………大日本印刷株式会社
製本……………加藤製本株式会社

Printed in Japan
ISBN978-4-309-76286-9
落丁本・乱丁本はお取り替えいたします。